U0800396

铁路职业教育铁道机车运用与维护专业新形态一体化系列教材

机车乘务员通用知识

张守军　主编
薛彭雨　主审

中国铁道出版社有限公司

2022年·北　京

内容简介

本书主要是以从事机车或轨道交通车辆驾驶人员所掌握的基础知识为前提，以铁路机车乘务员通用知识要求为基础，内容包含了机车乘务员必须掌握的电工基础知识、机车电机电器基本知识、制动机基础知识、机车运用与统计、机车整备与保养作业、列车运行与操纵、LKJ2000 型列车运行监控装置等内容。为了帮助学生更好地掌握和理解教材知识，每个项目后均附有巩固练习。

本书适用于高等职业教育铁道机车运用与维护专业、中等职业学校电力机车运用与检修专业，也可用于机车乘务员日常学习和岗位培训。

图书在版编目(CIP)数据

机车乘务员通用知识 / 张守军主编. — 北京 ：中国铁道出版社有限公司，2022.11

铁路职业教育铁道机车运用与维护专业新形态一体化系列教材

ISBN 978-7-113-28928-7

Ⅰ.①机… Ⅱ.①张… Ⅲ.①机车-乘务人员-职业教育-教材 Ⅳ.①U268

中国版本图书馆 CIP 数据核字(2022)第 037162 号

书　　名：机车乘务员通用知识
作　　者：张守军

策　　划：阚济存
责任编辑：阚济存　　**编辑部电话：**(010)51873133　　**电子邮箱：**td51873133@163.com
封面设计：崔丽芳
责任校对：焦桂荣
责任印制：高春晓

出版发行：中国铁道出版社有限公司(100054，北京市西城区右安门西街 8 号)
网　　址：http://www.tdpress.com
印　　刷：北京柏力行彩印有限公司
版　　次：2022 年 11 月第 1 版　2022 年 11 月第 1 次印刷
开　　本：787 mm×1 092 mm 1/16　**印张：**6.5　**字数：**155 千
书　　号：ISBN 978-7-113-28928-7
定　　价：28.00 元

前言

本书是中铁天佑工程师学院特高校建设项目成果之一。在内容选取上力求贴近学习需求，做到工学结合，力求符合校企双元制的教学理念。

机车乘务员是铁路职业院校机车相关专业毕业后的主要工作岗位，在校职业院校学生非常有必要对机车乘务员必备理论知识有一定掌握。为有助于学生到岗位后考取相关证书，作者特在本书中摘编了部分机车乘务员考试的基本理论知识。

现有的机车乘务员通用知识教材，普遍存在内容繁冗、知识更新不及时、学习中的针对性不强等问题。本书以提职司机的考试大纲为基础，对大纲所包含的内容进行汇总整理，分为七个项目，在每个项目后按照司机考试的题型配套了对应的练习题，以便学生对自己学习效果进行检测。本书不仅可以作为轨道交通类专业院校学生在校期间的学习教材，以便为将来毕业后从事机车驾驶工作做好准备，也可以作为提职司机考试复习学习资料，还可以作为机车乘务员日常学习、岗位培训的学习资料。

本书由北京铁路电气化学校张守军任主编，中国铁路北京局集团有限公司怀柔北机务段薛彭雨任主审。北京铁路电气化学校吴利芳、陈忠胜、金建华和中国铁路北京局集团有限公司北京机务段武建伟参与编写。具体编写分工为：项目一与项目二由吴利芳编写，项目四由武建伟编写，项目三与项目六由陈忠胜编写，项目五由张守军编写，项目七由金建华编写。

编写过程中得到了很多同事和铁路机务系统相关人员的支持帮助，在此表示感谢。

本书编写时间仓促，加之作者水平有限，书中不足之处在所难免，恳请广大读者提出宝贵意见。书中习题均有答案，需要答案的教师可致信 lfwu924@163.com 索取。

编者

2022 年 11 月

目录

项目一
电工基础知识

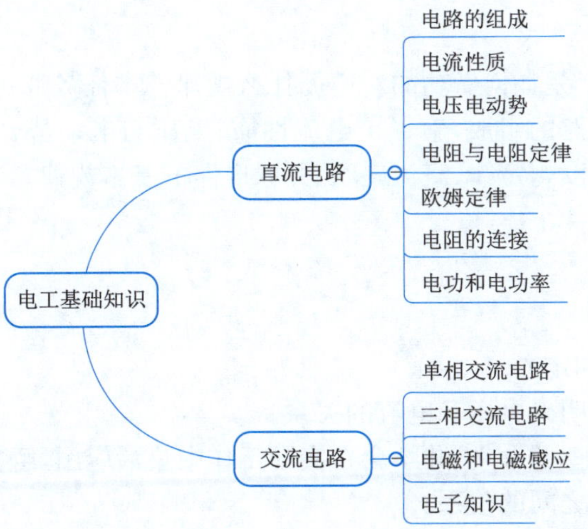

电工基础知识
直流电路
电路的组成
电流性质
电压电动势
电阻与电阻定律
欧姆定律
电阻的连接
电功和电功率
交流电路
单相交流电路
三相交流电路
电磁和电磁感应
电子知识

项目描述

电工基础知识是从事轨道交通行业各岗位工作人员必备的基础知识。机车乘务员岗位技术含量高，工作责任大，理解机车基本构成和工作原理，掌握电工基础知识是基本要求。

本项目主要讨论电工学基础知识中直流电路、电磁学和交流电路，对机车乘务员在工作中必备的电工基础知识，进行了简明扼要的介绍。在具体的学习中，如果需要更深入地了解和研究，可通过机车电工技术等课程系统地学习。

学习目标

1. 理解电工学基本量的概念，掌握直流电路、电路三大定律、电路连接以及电功等知识。
2. 掌握交流电路的基本知识、电路连接及其特点。
3. 了解电磁基本知识，理解电磁感应原理与规律。
4. 了解二极管、三极管功能与特性。

任务一　直流电路

任务描述

电流是怎样形成的？是如何做功的？遵循什么规律？本任务通过对直流电路一些基本概念的讲解，描述了直流电路的组成，解释了电流性质、电压与电动势、电阻与电阻定律、电功率的本质和特点，并探索了欧姆定律、直流串联、并联电路的基本规律。

任务目标

1. 掌握电路的组成。
2. 理解电流的性质和定义。
3. 掌握电压的概念，明确电压和电流的关系。
4. 理解电阻、欧姆定律的含义，并学会在实际工作中灵活应用，解决电阻串并联问题。
5. 了解电功、电功率之间的关系。

一、电路的组成

（一）电路的定义

电路是由若干电气设备或元器件按一定方式用导线连接而成的电流通路。

（二）电路的组成

电路通常由电源、负载及中间环节等三部分组成。

电路分内电路和外电路。内电路：电源内部的一段电路；外电路：负载、导线、开关。

（三）电路状态

电路有三种状态，分别为通路状态、短路状态、开路状态。

1. 通路状态：通路状态是指电路中开关闭合、负载中有电流流过。

2. 短路状态：由于电路中发生不正常接触而使电流通过了电阻几乎等于零的状态电路称为短路。

3. 开路状态：开路状态是指使电流中断而不能流通的状态，开路状态也称为断路。

电路短路时，由于电路电阻极小，因而电流会立即上升到很大值，使电路产生高热，从而使电源、各用电器、仪表等设备损坏。

二、电流性质

电荷在电场作用下有规则的定向流动称为电流。

电流的大小用电流强度（简称电流）来表示，电流强度在数值上等于单位时间内通过导线某一截面的电荷量，用符号 I 表示，即

$$I=\frac{Q}{t}$$

式中　Q——t 时间内通过导线某一截面的电荷量。

电流的单位是安培（简称安），用字母 A 表示。常用单位有：千安（kA）、安（A）、毫安（mA）、微安（μA）等。

$1\ \text{kA}=10^3\ \text{A}\qquad 1\ \text{A}=10^3\ \text{mA}\qquad 1\ \text{mA}=10^3\ \mu\text{A}$

三、电压与电动势

（一）电压

电路中 a、b 两点间电压，在数值上等于将单位正电荷从电路中 a 点移到电路中 b 点时电场力所做的功，用 U_{ab} 表示，即：

$$U_{ab}=\frac{W_{ab}}{Q}$$

规定：电压的方向为电场力做功使正电荷移动的方向，大小和方向都不随时间变化的电压称为恒定电压，简称直流电压，采用大写字母 U 表示，如 a、b 两点间的直流电压为 U_{ab}。

电压的单位为伏特（V），常用的单位为千伏（kV）、毫伏（mV）、微伏（μV）。

它们之间的换算关系为：

$1\ \text{V}=1\ 000\ \text{mV}=10^3\ \text{mV}\qquad 1\ \text{V}=1\ 000\ 000\ \mu\text{V}=10^6\ \mu\text{V}\qquad 1\ \text{kV}=1\ 000\ \text{V}=10^3\ \text{V}$

（二）电动势

一个电源能够使电流持续不断沿电路流动，就是因为它能使电路两端维持一定的电位差。这种电路两端产生和维持电位差的能力就叫电源电动势。

电动势的单位是 V，用字母 E 表示。计算公式为

$$E=\frac{A}{Q}$$

式中　A——外力所做的功；

Q——电荷量；

E——电动势。

该公式表明电源将其他形式的能转化成电能的能力。

四、电阻与电阻定律

电阻的定义：电子在导体内移动时，导体阻碍电子移动的能力称为电阻，用 R 表示。

电阻的国际单位制单位是欧姆，简称欧，通常用符号“Ω”表示。常用的单位还有“kΩ”“MΩ”，它们的换算关系如下：

$$1\ \mathrm{M\Omega}=10^3\ \mathrm{k\Omega}=10^6\ \Omega。$$

不同的导体有不同的电阻值。一般电阻与导体截面成反比，与导体长度成正比。电阻的计算公式为

$$R=\rho\frac{L}{S}$$

式中 L——导体长度；

S——截面积；

ρ——材料电阻率，如：铜 $\rho=0.017$，铝 $\rho=0.028$。

五、欧姆定律

欧姆定律是表示电压、电流、电阻三者关系的基本定律。

部分电路欧姆定律：电路中通过电阻的电流与电阻两端所加的电压成正比，与电阻成反比，称为部分电路欧姆定律。计算公式为：

$$R=\frac{U}{I}$$

全电路欧姆定律：在闭合电路中（包括电源），电路中的电流与电源的电动势成正比，与电路中负载电阻及电源内阻之和成反比，称全电路欧姆定律。计算公式为

$$I=\frac{E}{R+r_0}$$

式中 R——外电阻；

r_0——内电阻；

E——电动势。

六、电路的连接方式

电路的连接一般分为串联、并联、混联三种方式。

（一）串联电路

电阻串联将电阻首尾依次相连，但电流只有一条通路的连接方法。电路串联的特点：

（1）总电流与通过各用电器的电流相等：即 $I=I_1=I_2=I_3=\cdots$。

（2）总电压等于各电阻上电压之和：即 $U=U_1+U_2+U_3+\cdots$。

（3）总电阻等于负载电阻之和：即 $R=R_1+R_2+R_3+\cdots$。

（4）各电阻上电压降之比与其电阻成反比：即 $\frac{U_1}{U_2}=\frac{R_1}{R_2}$，$\frac{U_1}{U_3}=\frac{R_1}{R_3}$，…。

电源串联：将前一个电源的负极和后一个电源正极依次连接起来。可以获得较大电压的电源。计算公式为

$$U=U_1+U_2+U_3+\cdots+U_n$$

$$R_{总}=R_1+R_2+R_3+\cdots+R_n$$

$$I=\frac{E_1+E_2+E_3+\cdots+E_n}{r_1+r_2+r_3+\cdots+r_n}$$

(二)并联电路

将电路中若干个电阻并列连接起来的接法，称为电阻并联。并联电路的特点：

(1)各电阻两端的电压均相等，即$U_1 = U_2 = U_3 = \cdots = U_n$。

(2)电路的总电流等于电路中各支路电流之总和，即$I = I_1 + I_2 + I_3 + \cdots + I_n$。

(3)电路总电阻R的倒数等于各支路电阻倒数之和，即$\frac{1}{R} = \frac{1}{R_1} + \frac{1}{R_2} + \frac{1}{R_3} + \cdots + \frac{1}{R_n}$。

(4)并联负载愈多，总电阻愈小，供应电流愈大。

(5)通过各支路的电流与各自电阻成反比，即$\frac{I_1}{I_2} = \frac{R_2}{R_1}$。

电源的并联：把所有电源的正极连接起来作为电源的正极，把所有电源的负极连接起来作为电源的负极，然后接到电路中，称为电源并联。

并联电源的条件：一是电源的电势相等；二是每个电源的内电阻相同。

并联电源的特点：能获得较大的电流，即外电路的电流等于流过各电源的电流之和。

(三)混联电路

既有元件串联又有元件并联的电路称为混联电路。

混联电路的计算：先求出各元件串联和并联的电阻值，再计算电路的总电阻值；由电路总电阻值和电路的端电压，根据欧姆定律计算出电路的总电流；根据元件串联的分压关系和元件并联的分流关系，逐步推算出各部分的电流和电压。

七、电功和电功率

(一)电流的热效应

电流通过导体时，由于自由电子的碰撞，电能不断地转变为热能。这种电流通过导体时会发生热的现象，称为电流的热效应。

电与热的转化关系计算公式为：

$$Q = I^2Rt = W = \frac{U^2}{R}t$$

式中　Q——导体产生的热量；

W——消耗的电能；

t——导体通电的时间。

(二)电功

电流所做的功叫作电功，用符号W表示。电功的大小与电路中的电流、电压及通电时间成正比，计算公式为　$W=UIt=I^2Rt$

电功及电能量的单位名称是焦耳，用英文J表示；比较大的常用单位为千瓦时，用符号“kW·h”表示。

(三)电功率

电流在单位时间内所做的功叫电功率，用符号P表示。计算公式为

$$P = \frac{W}{t} = UI = I^2R = \frac{U^2}{R}$$

电功率常用单位为“瓦”或“千瓦”，用符号“W”或“kW”表示。

任务二　交流电路

任务描述

交流电与直流电有何不同？需要用哪些参数描述？三相交流电路如何连接？电磁感应是怎么回事？本任务通过对交流电路基本概念的讲解，阐明了单相交流电的相关参数、三相交流电路的特点与连接方式；解释了电磁感应原理及其规律，介绍了电子元件二极管、三极管的基本性质。

任务目标

1. 掌握交流电的概念及基本参数含义。
2. 掌握三相交流电的星—三角连接方式。
3. 掌握相电压、线电压判断方法。
4. 理解电磁感应现象，掌握其规律。
5. 了解二极管和三极管的基本特性。

一、单相交流电路

（一）交流电概述

交流电即指其电压及电流的大小和方向都随时间按一定规律做周期性的变化。

交流电与直流电的区别在于：直流电的方向不随时间变化；而交流电的方向、大小都随时间作周期性的变化，并且在一周期内的平均值为零。直流电和交流电的电流波形，如图 1-1 所示。

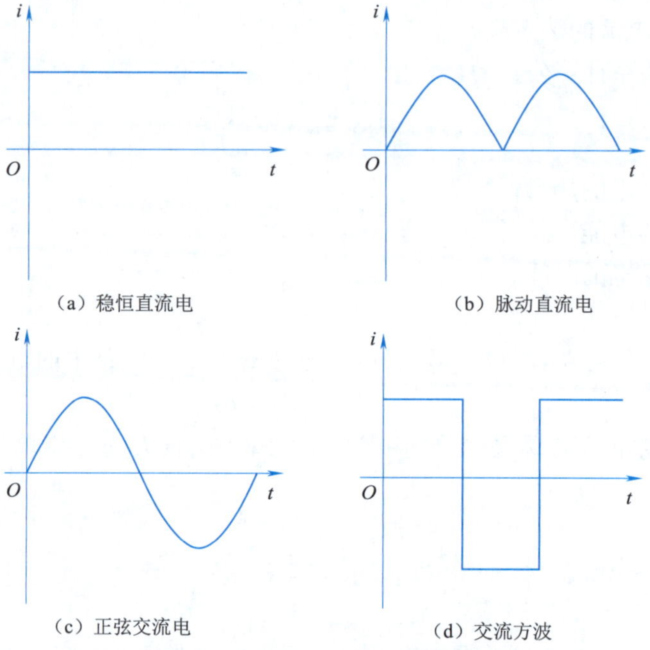

（a）稳恒直流电　（b）脉动直流电　（c）正弦交流电　（d）交流方波

图 1-1　直流电和交流电的电流波形

在日常生产和生活中所用的交流电，一般都是指正弦交流电。正弦电压和电流等物理量，统称为正弦量。正弦量的特征表现在变化的快慢、大小及初始值三个方面，而它们分别由频率（或周期）、幅值（或有效值）和初相位来确定。所以频率、幅值和初相位就称为确定正弦量的三要素。

以电流为例介绍正弦量的基本特征。依据正弦量的概念，设某支路中正弦电流 i 在选定参考方向下的瞬时值表达式为

$$i=I_m\sin(\omega t+\varphi) \tag{1-1}$$

波形如图 1-1(c)所示。

（二）瞬时值、最大值和有效值

正弦交流电随时间按正弦规律变化，某时刻的数值不一定和其他时刻的数值相同。我们把任意时刻正弦交流电的数值称为瞬时值，用小写字母表示，如 i、u 及 e 表示电流、电压及电动势的瞬时值。瞬时值有正、有负，也可能为零。

最大的瞬时值称为最大值（也叫幅值、峰值）。用带下标的小写字母表示。如 I_m、U_m 及 E_m 分别表示电流、电压及电动势的最大值。最大值虽然有正有负，但习惯上最大值都以绝对值表示。

一般所讲的正弦电压或电流的大小，例如交流电压 380V 或者 220V，都是指它的有效值。一般交流电流表和电压表的刻度也是根据有效值来定的。

（三）频率与周期

正弦量变化一次所需的时间（秒）称为周期 T，如图 1-2 所示。每秒内变化的次数称为频率 f，它的单位是赫兹（Hz）。

频率是周期的倒数，即

$$f=\frac{1}{T} \tag{1-2}$$

我国及大多数国家都采用 50 Hz 作为电力标准频率，有些国家（如美国、日本等）采用 60 Hz。这种频率在工业上应用广泛，习惯上称为工频。

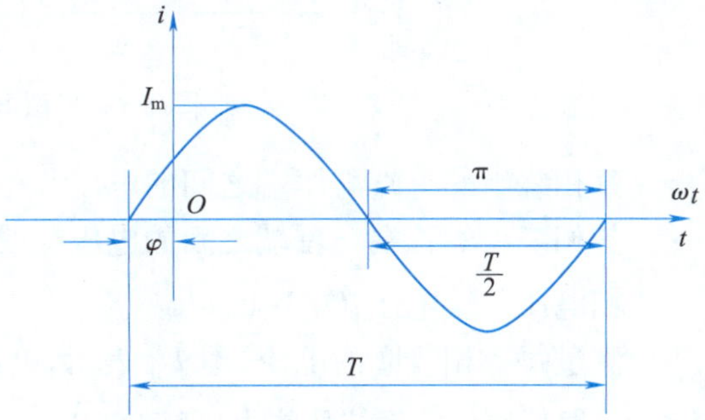

图 1-2　正弦电流波形

正弦量变化的快慢除用周期和频率表示外，还可用角频率 ω 来表示，它的单位是弧度/秒(rad/s)。角频率是指交流电在 1 s 内变化的电角度。如果交流电在 1 s 内变化了 1 次，则电角度正好变化了 2π 个弧度，也就是说该交流电的角频率 $\omega=2\pi$ rad/s。若交流电 1 s 内变化了 f 次，则可得角频率与频率的关系式为

$$\omega=2\pi f=\frac{2\pi}{t} \tag{1-3}$$

式(1-3)表示 t，f，ω 三个物理量之间的关系，只要知道其中之一，则其余均可求出。

二、三相交流电路

在磁场里有三个互成角度的线圈同时转动，电路里就产生三个交变电动势。这样的发电机叫三相交流发电机，发出的电叫三相交流电。每一单相称为一相。

三相交流电的特点：转速相同，电动势相同，线圈形状、匝数均相同，电动势的最大值（有效值）相等。

三个电动势之间互存相位差；e_A、e_B、e_C为三相对称电动势。计算公式为

$e_A = E_m \sin\omega t$

$e_B = E_m \sin(\omega t - 120°)$

$e_C = E_m \sin(\omega t + 120°)$

(一)三相电源的星形连接(Y接)

通常把发电机三相绕组的末端 U_2、V_2、W_2 连接成一点 N，而把始端 U_1、V_1、W_1 作为与外电路相连接的端点。这种连接方式称为电源的星形连接，如图 1-3 所示。N 点称为中点或零点，从中点引出的导线称为中线或零线，有时中线接地又称为地线。从始端(U_1、V_1、W_1)引出的三根导线称为端线或相线，俗称火线，常用 L_1、L_2、L_3 表示。裸导线上可涂以黄、绿、红、淡蓝颜色标记以区分各导线，接线采用的导线颜色必须符合国家标准。

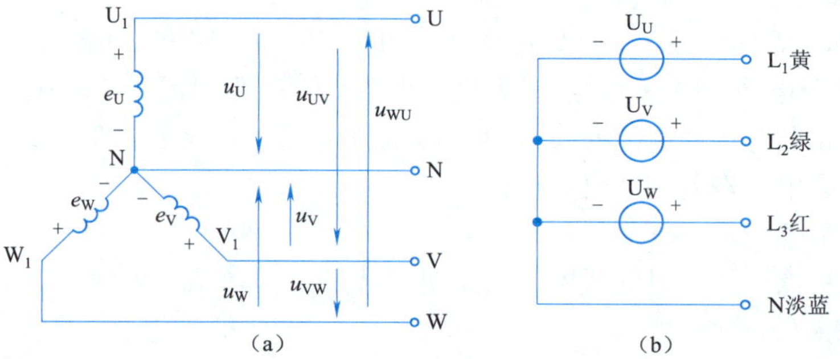

图 1-3 三相电源的星形连接(Y接)

每相绕组的首端与尾端之间的电压称相电压。分别用 U_A、U_B、U_C或 $U_{相}$表示。

各相绕组的首端与首端之间的电压称线电压。分别用 U_{AB}、U_{BC}、U_{CA}或 $U_{线}$表示。

相电压与线电压：$U_{线} = \sqrt{3} U_{相}$。

流过每一相线圈的电流，用 $I_{相}$ 表示，电源Y形连接时，$I_{线} = I_{相}$。

一般低压供电系统的线电压是 380 V，它的相电压是 $380/\sqrt{3} \approx 220$ V。可根据额定电压决定负载的接法：若负载额定电压是 380 V，就接在两条相线之间；若负载额定电压是 220 V，就接在相线和中线之间。必须注意，不加说明的三相电源和三相负载的额定电压都是指线电压。

在电路中，如含有匝数很多并带有铁芯线圈的各种用电器，该电路的电感必然很大，因此，在电路开断或电路电流的大小、方向发生变化时，所产生的自感电动势数值往往会超过电源电势很多倍，这就叫过电压。过电压往往使电器触头产生电弧而烧损，使直流电机的绕组线圈引起绝缘击穿等事故。

(二)三相电源的三角形连接(△接)

三角形连接：将电源一相绕组的末端与另一相绕组的首端依次相连(接成一个三角形)，再从首端 U_1、V_1、W_1分别引出端线，这种连接方式就叫三角形连接，如图 1-4 所示。

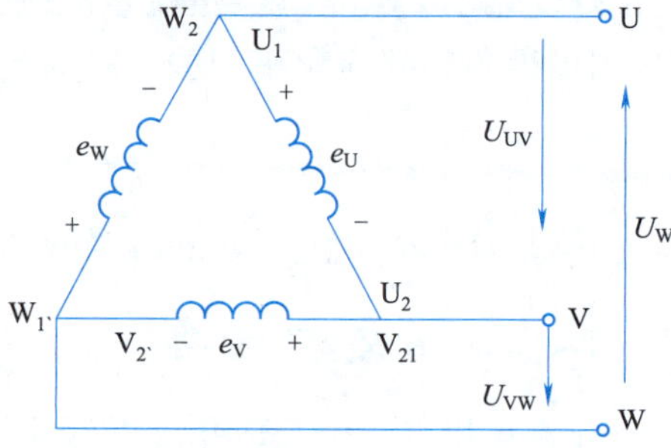

图 1-4 三相电源的三角形连接(△接)

三相电源三角形连接时：

$I_{线}=\sqrt{3}I_{相}$；　$U_{线}=U_{相}$

三、电磁和电磁感应

（一）磁的基本知识

任一磁铁均有两个磁极，即 N 极（北极）和 S 极（南极）。同性磁极相斥，异性磁极相吸。

磁场是指传递实物间磁力作用的场。受到磁性影响的区域，显示出穿越区域的电荷或置于该区域中的磁极会受到力的作用。

磁材料：硬磁材料—永久磁铁；软磁材料—电机和电磁铁的铁芯。

（二）电流的磁效应

任何通有电流的导线都可以在其周围产生磁场的现象称电流的磁效应。

磁效应的作用：能够容易地控制磁场的产生和消失。电动机和测量磁电式仪表的工作原理就是磁效应的作用。

通电导线（或线圈）周围磁场（磁力线）的方向判别，可用右手定则来判断：

通电直导线磁场方向的判断方法：用右手握住导线，大拇指指向电流方向，则其余四指所指的方向就是磁场的方向。

线圈磁场方向的判断方法：将右手大拇指伸直，其余四指沿着电流方向围绕线圈，则大拇指所指的方向就是磁场方向。

通电导线在磁场中受力的方向，用左手定则确定：伸出左手使掌心迎着磁力线，即磁力线垂直穿过掌心，伸直的四指与导线中的电流方向一致，则与四指成直角的大拇指所指方向就是导线受力的方向。

（三）电磁感应

感应电动势的产生：导体在磁场内运动或磁场在导体周围运动，结果均能使导体切割磁力线而产生感应电动势，这种现象称为电磁感应。由电磁感应现象产生的电动势叫感应电动势。由感应电动势产生的电流叫感应电流。

自感：由于线圈（或回路）本身电流的变化而引起线圈（回路）内产生电磁感应的现象，叫自感现象。因为变化的电流通过导体或线圈而产生自感电动势，自感电动势的大小和线圈形式及导线有关。两种不同的导体或线圈，通过同样大小变化的电流时，所产生的磁通变化的大小不同，其自感电动势也不同。对单匝线圈来说，其产生的磁通与流过线圈电流的比值叫该线圈的自感系数，也叫电感，用 L 表示，单位是亨，用符号 H 表示。

当一个线圈通过 1 安（A）的电流可以产生 1 韦（Wb）的磁通时，这个线圈具有 1 亨（H）的电感量。

电感的单位还有毫亨（mH）和微亨（μH）。

1 亨（H）$=10^3$ 毫亨（mH）$=10^6$ 微亨（μH）。

互感：在同一导体内设有两组线圈，电流通过一组线圈时，线圈内产生磁通并穿越线圈，而另一组则能产生感应电动势。这种现象叫作互感。

四、电子知识

（一）晶体二极管

晶体二极管简称二极管，实际上是把一个 PN 结两端加上引线的半导体器件，其中 P 区为正，N 区为负，如图 1-5 所示。一般来讲，晶体二极管是一个由 P 型半导体和 N 型半导体烧结形成的 PN 结界面。在其界面的两侧形成空间电荷层，构成自建电场。当外加电压等于零时，由于 PN 结两边载流子的浓度差引起扩散电流和由自建电场引起的漂移电流相等而处于电平衡状态，这也是常态下的二极管特性。

二极管最大的特性就是单向导电，也就是电流只可以从二极管的一个方向流过。二极管主要用于整流电路、检波电路、稳压电路、各种调制电路。

当电流通过半波整流器时，交流电的正半波电流很容易通过二极管 VD。但在负半波时，整流二极管 VD 的反向电阻很大，使电流不能通过。因此，在每一次正弦周期内只通过半个交流电的电流，这样的整流叫半波整流。

全波整流包括两个半波整流的电路，使正弦波交变电流的正负半周分别通过两个半波整流电器的二极管，将两个方向不同的电流合为一个方向相同的电流通过负载，这样的整流叫全波整流。

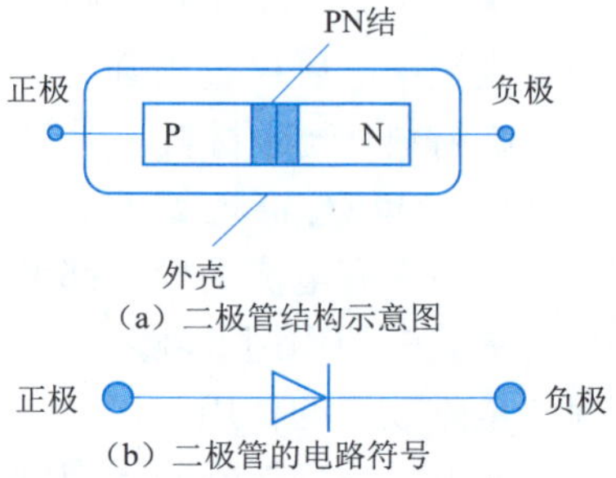

图 1-5　二极管及其符号

桥式整流由 4 个二极管组成，桥式整流也是全波整流，所以其输出直流平均电压与全波整流相同。

(二)晶体三极管

晶体三极管，称为半导体三极管，也称双极型晶体管，简称三极管，是一种控制电流的半导体器件。其作用是把微弱信号放大成幅度值较大的电信号，也用作无触点开关。

三极管是半导体基本元器件之一，具有电流放大作用，是电子电路的核心元件。三极管是在一块半导体基片上制作两个相距很近的 PN 结，两个 PN 结把整块半导体分成三部分，中间部分是基区，两侧部分是发射区和集电区，排列方式有 PNP 和 NPN 两种，如图 1-6 所示。

三极管接入电路中时，基极电流 I_B 的微小变化将引起集电极电流 I_C 及发射极电流 I_E 较大的变化，这就体现了三极管的电流放大作用。

基极电流变化量为 ΔI_B，相应引起集电极电流的变化量为 ΔI_C，则评价三极管电流放大能力的电流放大系数(β)为 $\Delta I_C/\Delta I_B$。

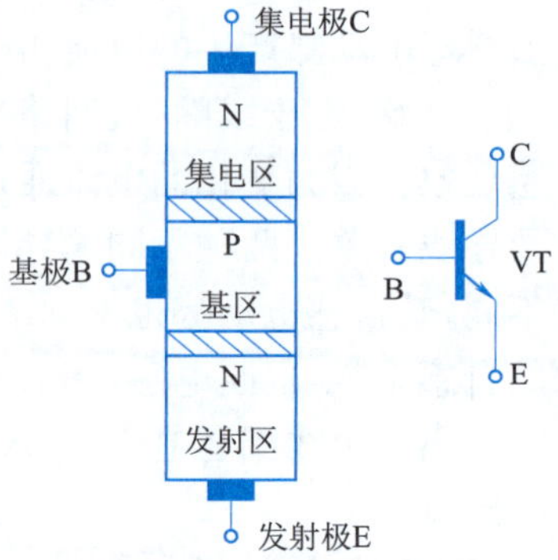

图 1-6　NPN 型三极管及其符号

工作时有 3 种工作状态：放大状态、截止状态、饱和状态。

放大状态：若使三极管工作在放大状态，须将发射极加上适当的正向电压，同时使集电极承受反向电压。

截止状态：若使三极管工作在截止状态，必须使发射极加负偏压或零偏压，即使基极电流小于零，此时集电极一般也承受负偏压。

饱和状态：若使三极管工作在饱和状态，必须使发射极加上一定的正偏压，且使基极电流足够大，此时，集电极也承受正向偏压。

巩固练习

一、填空题

1. 一般电阻的阻值与____________成正比，与导体截面积成反比。
2. 电阻串联电路中总电流与通过各用电器的____________相等。
3. 当把三极管接入电路中时，____________电流的微小变化，将引起集电极电流及发射极电流较大的变化。
4. 三相交流电各相绕组的首端与尾端之间的电压称为____________。
5. 过电压会使直流电机绕组造成____________等事故。

二、选择题

1. 在(　　)时间内电流所做的功叫作电功率。

   A. 规定　　　B. 标称　　　C. 单位

2. 对单匝线圈来说，其产生的磁通与流过线圈电流的比值叫该线圈的(　　)，也叫电感，用 L 表示。

   A. 自感系数　　　B. 磁通　　　C. 电流

3. 使用万用表选用量程时，应尽可能使表针移动至满刻度的(　　)左右为宜。

   A. 1/3　　　B. 1/2　　　C. 2/3

4. 各相绕组的首端与首端之间的电压称(　　)。

   A. 线电压　　　B. 相电压　　　C. 过电压

5. 在一个周期内只通过半个周期交流电，这样的整流方式为(　　)。

   A. 半波整流　　　B. 全波整流　　　C. 桥式整流

三、判断题

1. 电子在导体内移动时，导体阻碍电子移动的能力称为电阻，用 U 表示。(　　)
2. 两个阻值为 10 Ω 的电阻并联后的总电阻为 20 Ω。(　　)
3. 因为变化的电流通过导体或线圈而产生自感电动势，自感电动势的大小和线圈形式及导线有关。(　　)
4. 晶体三极管有放大和截止两种工作状态。(　　)

四、简答题

1. 什么叫断路？什么叫短路？短路有何危害？

2. 什么是过电压？

项目二
机车电机电器基本知识

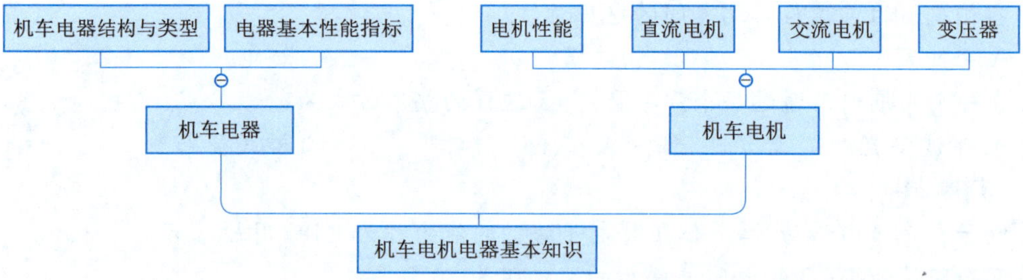

项目描述

机车电机电器是机车牵引与运行的主要设备。本项目主要介绍机车上有触点电器的基本理论、电器的基本性能指标、机车电机的性能及类型，简单介绍电器设备各种性能指标以及日常保养检查注意事项；另外也主要介绍了电机分类、特点、电机火花及其危害等内容。

学习目标

1. 掌握机车电器的基本组成、电器触头的基本类型。
2. 了解电机的基本性能和直流与交流电机的特征。
3. 掌握变压器的基本原理。

一、机车电器

机车电器可分为有触点电器和无触点电器。其中有触点电器包括各种继电器、接触器等；无触点电器包括电子时间继电器、主回路和辅助回路接地继电器等。

（一）机车电器基本结构与触头类型

一般机车电器的基本结构包括执行机构、感测机构、保护机构等。

1. 机车电器的基本结构

（1）执行机构：如电器的触头系统等，用来断开、接通电路。

（2）感测机构：如电器的传动装置等，用来接收信号，进行比较，带动并指挥触头执行任务。

（3）保护机构：如电器的灭弧装置等，用来保护电器。

2. 机车电器触头类型

（1）触头按工作性质分为：①静触头；②动触头。

（2）触头按用途分为：①主触头；②辅助触头。

（3）触头按触头的形式分为：①楔形触头；②滑动触指式触头；③桥式触头。

电器的触头是各类接触器和继电器中的关键零件，电路的接通和断开都是依靠触头的接触和分离实现的。电器在断开电路时如在触头气隙空气中的出现强烈放电现象称为电弧。由于电弧产生强大的热量，它可将触头及其附近的零部件烧损，这样不但影响触头的导电性能，而且还会使电器部件受到损害，因此，必须采用灭弧装置来灭弧。

（二）机车电器基本性能指标

1. 机械寿命：是指电器在不需要修理或更换机械零件时所能承受的无载操作极限次数。主要用来评价电器的机械耐磨损性能。

2. 电寿命：是指电器在额定负载时不需要修理或更换零件而能承受的负载操作极限次数。主要用来考核电器的绝缘性能和抗耐电弧磨损的性能。

3. 最高允许温度：就是保证电器的机械强度、导电、导磁性以及介质的绝缘性不受损害的最高温度。

4. 温升：是指电器部件温度与其周围介质温度之差。

5. 允许温升：是由最高允许温度减去最高环境温度而得。

6. 电器触头的磨损：电器的触头在多次接通和断开有载电路后，它的接触表面将逐渐产生磨耗和损坏，这种现象称作电器触头的磨损。

触头的磨损有3种形式，即机械磨损、化学磨损和电磨损。前两种磨损一般很小(占总磨损的10%以下)，触头的主要磨损是电磨损。

7. 机车电器的保养要求

机车电器保养质量就是指电器的技术状态和清洁状态。电器保养质量的好坏，直接影响机车的运用质量，所以当发现机车电器触头、触指、接点的接触压力、开距、超程不良时要及时调整。发现触头焊片开焊、脱落、灭弧罩断裂破损的要及时更换或修理。

二、机车电机

(一)电机的可逆性

电机是机械能和电能互相转换的设备，电机具有可逆性，把电能转换为机械能即是作为电动机运行把机械能转换为电能时是作为发电机运行。电机的可逆性是指同一电机既可以作为发电机工作，又可以作为电动机工作。

在电传动内燃机车及电力机车上的牵引电机，在机车牵引工况时，作为电动机运行；但在机车电阻制动时又作为发电机运行，这都是利用了电机的可逆性原理。

(二)直流电机

1. 直流发电机励磁方式类型

直流发电机有永磁式发电机及电磁式发电机两种。电磁式发电机按励磁方式不同，又可分为他励、并励、串励及复励发电机。

他励发电机：励磁绕组与电枢绕组不相连，励磁电流由另一个独立电源供给。

并励发电机：励磁绕组与电枢绕组并联，用负载分路电流励磁。

串励发电机：励磁绕组与电枢绕组并联，用本身负载电流励磁。

复励发电机：同时用并励及串励绕组的发电机或同时有他励及串励绕组的发电机，复励发电机又可分为加复励发电机及差复励发电机。

2. 火花

直流电机因为有换向装置，所以在运行中会受到电磁、机械等原因造成换向不良，会在电刷与换向片之间产生火花。当火花大到一定程度，就有可能损坏电刷和换向器表面，使电机不能正常工作。但直流电机运行时，并不是一点火花也不许出现。火花的大小程度可分为5个等级。

(1)1级：表示无火花。

(2)$1\frac{1}{4}$级：电刷边缘及小部分有微弱的火花点或者非放电性红色小火花。换向器上没有黑痕，电刷上没有灼痕。

(3)$1\frac{1}{2}$级：电刷边缘大部分或全部有轻微的火花。换向器上有黑痕，但用汽油可擦除，同时在电刷上有轻微的灼痕。

(4)2级：电刷边缘全部或大部分有强烈的火花。换向器上有黑痕，用汽油不能擦除，同时电刷上有灼痕，电机不允许在这种情况下长期运行。

(5)3级：在电刷的整个边缘有强烈的火花，同时有大火花飞出。换向器上严重发黑，用汽油不能擦除，而且电刷有烧焦和损坏。

1 级、$1\frac{1}{4}$ 级和 $1\frac{1}{2}$ 级火花，均为持续运行中无害的火花。在 2 级火花作用下换向器表面会出现炭渣和黑色痕迹，如运行时间过长，黑色痕迹也将扩展，同时电刷和换向器的磨耗也显著增加。所以，2 级火花只允许在短时间内出现，出现 3 级火花是不允许运行的。

3. 环火与飞弧

环火是指牵引电动机正负电刷之间被强烈的大电弧短路。

飞弧是指电弧跨越换向器或电刷装置表面，飞跃到换向器压圈、前端盖、磁极铁芯或机座等处而接地。

环火或飞弧发生时，相当于电枢绕组处于短路状态，而电动机继续转动切割磁力线后将处于发电状态，因而会伴有很大的响声，俗称“放炮”，电机放炮还会产生巨大的冲击振动，轻则使换向器表面留下铜毛刺或刷杆绝缘表面出现明显灼痕，重则可使电枢绕组出现严重烧损或甩出（俗称“扫膛”），也会使轮箍踏面造成严重擦伤，因此应该尽力避免。

（三）交流电机

交流电机是用于实现机械能和交流电器相互转换的电气设备。如感应电动机转子磁场不是由直流电源供给电流而产生的，而是由定子的交流电经感应作用而产生的，所以，这种电动机转子实际转速总低于定子旋转磁场的转速，这种电动机称感应电动机，也称异步电动机。

三相交流电机的电枢有三组线圈，其连接有星形接法及三角形接法两种，一般采用星形接法。

（四）变压器

1. 组成

变压器是由两个以上匝数不同的线圈绕在一个构成闭合回路的铁芯上组成的。

2. 工作原理

变压器是根据互感原理制成的一种能把交流电从一个电压值转换为另一个不同电压值的静止电器。

根据电磁感应原理，线圈中的磁通量发生变化时（增大或减小），在线圈中能感应出感应电动势，由于交流电能产生变化的交变磁通，所以能变压；而直流电的大小不变，所以在原边线圈中的磁通不发生变化，则次边线圈中不能产生感应电动势也就不能变压。

巩固练习

一、填空题

1. 电器的灭弧装置属于电器的____________。

2. 触头按用途分为____________和辅助触头。

3. 机车电器按其执行机构的不同可分为有触点电器和____________。

4. 直流串励发电机的励磁绕组与电枢绕组串联，用____________电流励磁。

5. 变压器是根据____________原理制成的一种能把交流电从一个电压值转换为另一个不同电压值的静止电器。

6. 三相交流电机的定子绕组连接方法有____________和三角形接法两种。

7. 直流电机既可作为发电机工作，也可作为电动机工作。这称之为直流电机的____________。

8. 机车牵引电机在电阻制动时作为____________运行。

9. 各触头、触指、接点的接触压力、____________、超程不良时要及时调整。

10. 温升是指电器部件温度与____________温度之差。

11. 电器触头气隙空气中的强烈放电现象称为____________。

12. 由于电弧产生强大的热量，它可将触头及其附近的零部件烧损，这样不但影响触头的导电性能，而且还会使电器部件受到损害，因此，必须采用____________来灭弧。

13. 电弧跨越换向器或电刷装置表面，飞跃到换向器压圈、前端盖、磁极铁芯或机座等处而接地，这种现象称为____________。

14. 电器的触头在多次接通和断开有载电路后，它的接触表面将逐渐产生磨耗和损坏，这种现象称作电器触头的____________。

15. 电刷边缘全部或大部分有强烈的火花。换向器上有黑痕，用汽油不能擦除，同时电刷上有灼痕。电机不允许在这种情况下长期运行。这样的火花等级为____________级。

二、选择题

1. 电器的触头系统属于电器的(　　)。

A. 感测机械　　B. 执行机构　　C. 保护机械

2. 触头按工作性质分为静触头和(　　)。

A. 主触头　　B. 辅助触头　　C. 动触头

3. 直流发电机励磁绕组与电枢绕组不相连，励磁电流由另一个独立电源供电，这样的发电机为(　　)。

A. 并励发电机　　B. 他励发电机　　C. 串励发电机

4. 由两以上匝数不同的线圈绕在一个构成闭合回路的铁芯上组成的电气装置是(　　)。

A. 变压器　　B. 接触器　　C. 继电器

5. 电机本身是机械能和电能互相转换的设备(　　)。

A. 继电器　　B. 接触器　　C. 电机

6. 保证电器的机械强度、导电、导磁性以及介质的绝缘性不受损害的最高温度称为(　　)。

A. 最高允许温度　　B. 温升　　C. 允许温升

7. 电器触头的磨损，主要是(　　)。

A. 机械磨损　　B. 化学磨损　　C. 电磨损

8. 电刷边缘及小部分有微弱的火花点或者非放电性红色小火花。换向器上没有黑痕，电刷上没有灼痕。这样的火花等级为(　　)。

A. $1\frac{1}{4}$　　B. $1\frac{1}{2}$　　C. 2 级

三、判断题

1. 电器的触头是各类接触器和继电器中的关键零件，电路的接通和断开都是依靠触头的接触和分离实现的。(　　)
2. 电子时间继电器属于有触点电器。(　　)
3. 电磁式发电机按励磁方式不同，又可分为他励、并励、串励及复励发电机。(　　)
4. 机械寿命：是指电器在额定负载时不需要修理或更换零件而能承受的负载操作极限次数。(　　)
5. 平波电抗器的作用主要是为了减少整流电流的脉动。(　　)
6. 变压器可以改变交流电压，也可以改变直流电压。(　　)
7. 允许温升是由最高允许温度减去最高环境温度而得。(　　)
8. 环火是指牵引电动机正负电刷之间被强烈的大电弧所短路。(　　)
9. 电机火花的大小程度可分为 4 个等级。(　　)
10. 在电机火花等级分类中的 1 级、$1\frac{1}{4}$级 、$1\frac{1}{2}$级均为持续运行中无害的火花。(　　)
11. 在电刷的整个边缘有强烈的火花，同时有大火花飞出。换向器上严重发黑，用汽油不能擦除，而且电刷有烧焦和损坏的 3 级火花是不允许运行的。(　　)

四、简答题

1. 什么叫感应电动机？

2. 变压器为什么只能改变交流电压，不能改变直流电压？

项目三
制动机基础知识

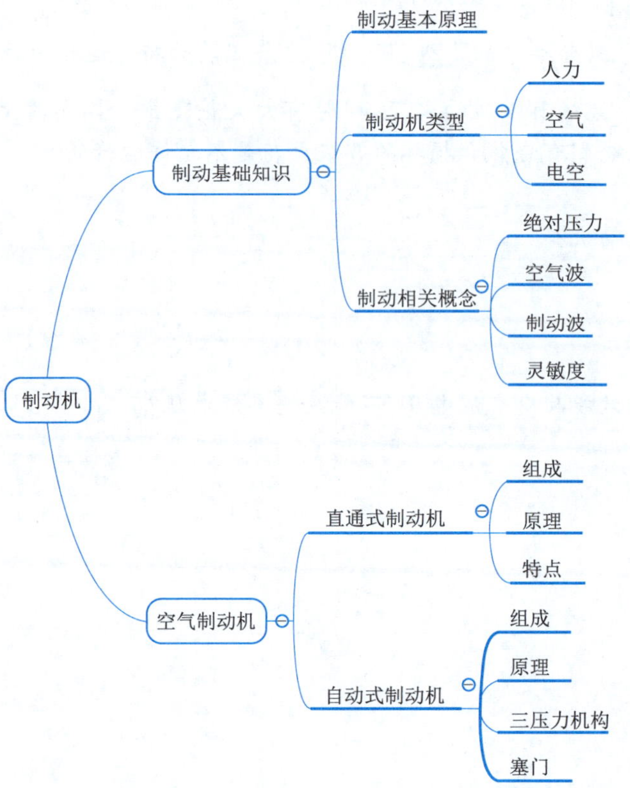
制动机
制动基础知识
制动基本原理
制动机类型
人力
空气
电空
制动相关概念
绝对压力
空气波
制动波
灵敏度
空气制动机
直通式制动机
组成
原理
特点
自动式制动机
组成
原理
三压力机构
塞门

项目描述

制动机是机车车辆的重要组成部分，是列车运行安全的保障。列车既要跑得快、跑得稳，需要时还要减速快、冲击小。掌握制动机原理，理解制动相关理论，对机车乘务员安全、平稳操纵具有重要意义。

本项目主要讨论制动的概念、本质，制动机的分类及制动相关理论；简要介绍空气制动机的基本结构和工作原理，以及车辆制动机的基本知识。

学习目标

1. 掌握制动基本原理，掌握制动机分类及其特点，理解制动相关概念。
2. 掌握直通空气制动机的结构与工作原理、特点。
3. 掌握自动空气制动机的结构与工作原理、特点。
4. 初步掌握三通阀的结构与工作原理，了解二、三压力机构的概念。

任务一　制动基础知识

任务描述

制动的本质是什么？如何实现制动？如何衡量制动机的性能？本任务通过对制动基础知识和基础理论的探讨，阐明了制动的概念和本质；详细阐明了不同类型制动机的工作过程与特点；介绍了表压力与绝对压力、制动波速与缓解波速、制动灵敏度等相关概念，有利于大家对制动装置和制动理论的理解。

任务目标

1. 理解制动的概念与本质。
2. 掌握不同类型制动机的工作特点，了解其适用场合和用途。
3. 掌握制动相关理论、指标。

一、制动的基本原理

对运动中的机车、车辆施加制动力，使其停止运动或降低速度，这种作用叫作制动。对静止的机车、车辆采取适当措施，防止其移动也叫制动。

制动的本质可以从两个方面分析：一是运动的角度，制动的过程就是列车在制动力的作用下逐渐减速的过程。二是能量的角度，运动的列车具有动能，制动的过程就是列车动能转换和转移的过程，在列车动能转换过程中，每单位时间内转移的列车动能，称为制动功率。

二、制动机的类型

(一)人力制动机

人力制动机是用人力转动手轮或用杠杆拨动的方法,使闸瓦压紧车轮踏面(或使闸片压紧制动盘)而达到制动的目的。

在我国铁路车辆上,除了极个别的特种车辆无法安装外,均装有人力制动机,一般安装在车辆一端(个别车辆,也有两端都安装手制动机的)。我国机车上原来也装有人力制动机,现在新造机车采用弹停制动装置取代了人力制动机。人力制动机和弹停制动装置统称为停车制动装置。

人力制动机用于空气制动机故障时以及调车作业、坡道停留时的制动。其具体用途是:

1. 调车作业时,用以调速或停车,提高调车效率,保证调车作业安全。

2. 运行途中,如在坡道上停留时间较长时,使用空气制动机停车后,还应施加人力制动,防止因空气制动机制动缸的漏泄发生自然缓解而失去制动作用。

3. 在运行途中,当空气制动机发生故障失去作用时,用以代替空气制动机,继续慢行到前方站,以免停留途中,妨碍正常运输。

4. 当车列或车辆停在有坡道的线路上时,用以防止其发生溜逸。

(二)空气制动机

用压力空气作为动力并用空气压力的变化来操纵的制动机,叫作空气制动机。我国车辆普遍采用空气制动机。空气制动机按其作用原理的不同,分为直通式空气制动机、自动式空气制动机和直通自动式空气制动机。

(三)电空制动机

电空制动机也以压力空气作为动力来源,但电空制动机用电(信号)来控制制动装置的制动、保压和缓解作用。

电空制动机的最大优点是全列车能迅速实现制动和缓解作用,且列车前、后动作一致性好,适用于高速旅客列车和长大货物列车。

三、制动相关概念

(一)绝对压力与表压力

压缩空气的实际压力称为绝对压力,如完全缓解后的制动缸与大气相通,它的绝对压力等于大气压力;表压力是指压力表所显示的压力。

制动机内均衡风缸、制动缸、制动管等处的规定压力均为表压力,而在运算压力与容积的关系时,必须将表压力换算为绝对压力:绝对压力=表压力+100 kPa 的大气压。

(二)空气波、空气波速

施行制动时,制动管经排气口与大气相通,制动管前端的压力空气首先排入大气,制动管压力降低,然后这一压降将沿着列车长度由前向后逐次传播,这种压降的传播即是空气波。在压降传播的过程中,制动管中的压力空气发生膨胀,将空气的压能转化为动能,使空气由后向前流动。空气波是属于一种振动波,具有波的性质。空气波的传播速度称为空气波速。

（三）制动波速和缓解波速

列车的制动作用或缓解作用沿列车方向由前向后逐次发生，习惯上分别叫"制动作用的传播"或"缓解作用的传播"，简称"制动波"或"缓解波"。

制动作用或缓解作用沿列车长度方向的传播速度分别称为"制动波速"或"缓解波速"。其数值等于由机车自阀手柄移放到制动位或缓解位（运转位）的瞬间开始，到列车最后一辆的制动机发生制动作用或缓解作用为止所经过的时间去除制动管的全长。

制动（或缓解）波速是用来评价列车制动（或缓解）灵敏度的重要指标。制动（或缓解）波速越高，列车前后部制动作用的同时性越好，有利于减轻制动时的纵向动作用力并缩短制动距离。

（四）制动灵敏度

所谓灵敏度就是制动机的感度，它是评价车辆制动机性能的主要指标之一。当制动管减压（或增压）速率达到一定数值范围时，制动机必须产生制动（或缓解）作用的性能，称为制动机的灵敏度。

灵敏度分为制动灵敏度和缓解灵敏度。而制动灵敏度又分为紧急制动灵敏度和常用制动灵敏度。一般地，常用制动灵敏度为 10～40 kPa/s，紧急制动灵敏度为 70 kPa/s。

任务二　空气制动机

任务描述

最简单的直通式空气制动机由哪些部件组成？其工作原理是怎样的？自动空气制动机与直通空气制动机有何区别？其关键部件是什么？工作中对空气制动机操作需注意些什么？本任务通过对空气制动机结构原理的讲解，介绍了直通式空气制动机的结构和工作原理，分析了其优缺点和淘汰原因，引出了自动空气制动机的意义；讲述了自动空气制动机的结构与工作原理，详细分析了三通阀的工作原理；介绍了空气制动机的具体操作。

任务目标

1. 掌握直通式空气制动机的结构与工作原理。
2. 理解直通式空气制动机的工作特点。
3. 掌握自动空气制动机的结构与工作原理。
4. 掌握三通阀的结构原理。
5. 了解二压力机构和三压力机构的概念与特点。
6. 掌握折角塞门、截断塞门的作用和操作，了解车辆紧急制动特点。

一、直通式空气制动机

（一）组成

如图 3-1 所示，直通式空气制动机由空气压缩机、总风缸、总风缸管、自动制动阀（大闸）、制动（列车）管、制动缸、基础制动装置等组成。

制动(列车)管既是一根贯通全列车的压力空气输送管,向各车辆制动机供给压力空气,也是一根传递列车制动、保压或缓解指令的控制管,司机通过机车上的自动制动阀来操纵制动管中的空气压力变化,从而控制全列车各车辆制动机产生相应的动作。

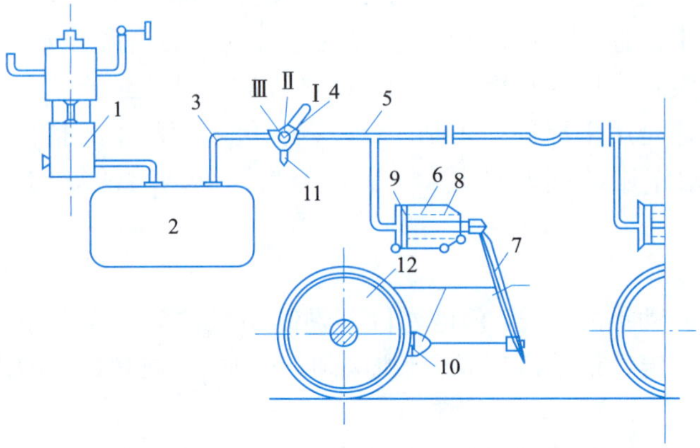

图 3-1　直通式空气制动机

1—空气压缩机;2—总风缸;3—总风缸管;4—自动制动阀(大闸);5—制动(列车)管;6—制动缸;7—基础制动装置;8—制动缸缓解弹簧;9—制动缸活塞;10—闸瓦;11—制动阀排气口(Ex);12—车轮;Ⅰ—充气缓解位;Ⅱ—保压(中立)位;Ⅲ—制动位

(二)工作原理

1. 制动

总风缸的压缩空气经制动阀进入制动管。压缩空气由制动管进入各个车辆的制动缸,推动制动缸活塞移动,并通过活塞杆带动基础制动装置,使闸瓦压紧车轮,产生制动作用。制动力的大小,取决于制动缸内压缩空气的压力(即制动管压力),由驾驶员操纵手柄在制动位放置时间的长短而定。

2. 缓解

自动制动阀手柄置于缓解位,各车辆制动缸内的压缩空气经制动管从制动阀排气口 Ex 排入大气。若操纵手柄在缓解位放置的时间足够长,将使制动缸内的压缩空气排尽,压力降低至零。此时制动缸活塞借助制动缸缓解弹簧的复原力,使活塞回到缓解位,闸瓦离开车轮,实现车辆缓解。

3. 保压

自动制动阀手柄置于保压(中立)位,此时制动管既不与总风管相通,亦不与大气相通,保持原有压力。制动缸与制动管相连,保持制动力。

当驾驶员操纵手柄在制动位与保压位之间来回操纵,或在缓解位与保压位之间来回操纵时,制动缸压力能分阶段上升或下降,此即阶段制动或阶段缓解。

(三)直通空气制动机的特点

1. 制动管增压制动、减压缓解,列车分离时不能自动停车。

2. 能实现阶段缓解和阶段制动。

3. 制动时全列车制动缸的压缩空气都由总风缸供给;缓解时,各制动缸的压缩空气都需经制动阀排气口排入大气。因此前后车辆制动(缓解)的一致性不好,从而造成较大的列车制动冲击。

二、自动空气制动机

(一)组成

自动空气制动机主要由空气压缩机、总风缸、总风缸管、自动制动阀、三通阀、副风缸、制动管、制动缸、基础制动装置等组成,如图 3-2 所示。

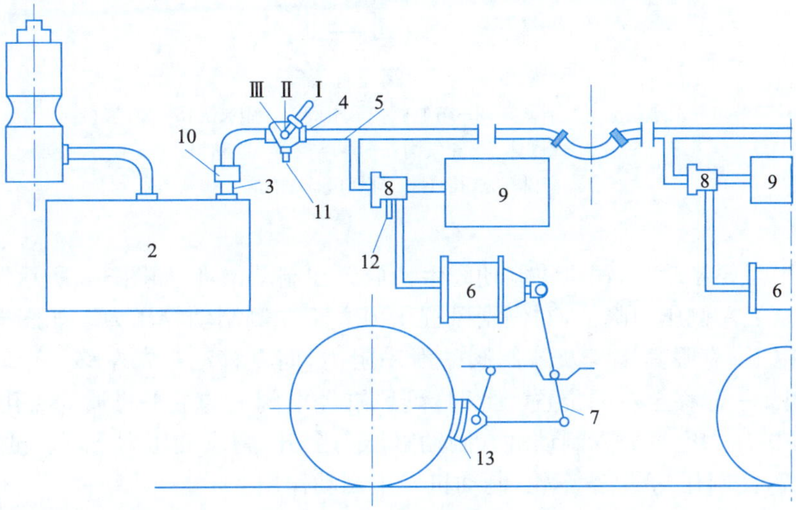

图 3-2　自动空气制动机

1—压缩机;2—总风缸;3—总风缸管;4—自动制动阀;5—制动管;6—制动缸;7—基础制动装置;8—三通阀(或分配阀);9—副风缸;10—给气(调压)阀;11—制动阀排气口(Ex);12—三通阀(或分配阀)排气口;13—闸瓦;Ⅰ—充气缓解位;Ⅱ—保压(中立)位;Ⅲ—制动位

与直通式空气制动机相比,自动式空气制动机增设了一个副风缸和一个三通阀(或分配阀)。其中,副风缸是用来储存由制动管充入的压力空气,以备在制动时供给制动缸使用;三通阀(或分配阀)的用途是根据制动管的压力变化,控制制动缸的充排风,以实现制动和缓解作用。

(二)三通阀工作原理

1. 充气缓解位

司机将自阀手柄放在充气缓解位Ⅰ时,压力空气由总风缸 2 经给气(调压)阀 10、自动制动阀 4、制动管 5 进入三通阀,如图 3-2 所示。制动管充气,管内压力增高如图 3-3 所示,三通阀内的活塞及活塞杆 1 带动节制阀 2 及滑阀 3 一起移动至右侧位置。充气沟 i 露出,制动管中的压力空气经充气沟 i 充入副风缸 4。制动缸 5 经滑阀 3 上的联络槽 n 与三通阀的排气口 Ex 连通。这时,如制动缸内有压力空气,则由此排入大气。副风缸内压力可一直充至与制动管的压力相等。制动缸缓解后的最终压力为零。

所谓缓解是指制动缸通大气;充气是指副风缸压力低于制动管时,由总风缸经制动管使它补足压力空气至定压。

列车在行车时，三通阀经常处于这个位置——制动的准备状态。

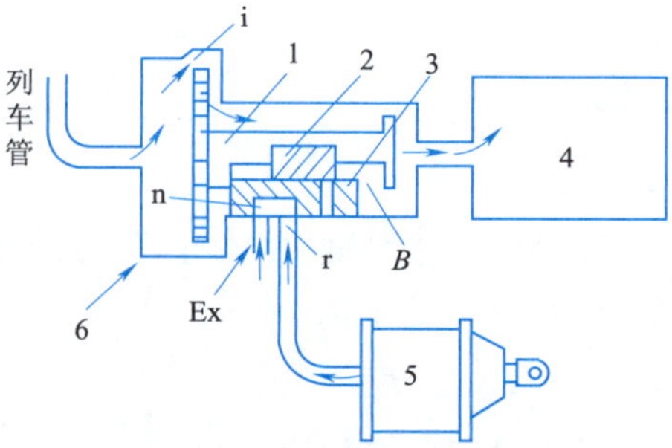

图 3-3　三通阀充气缓解位

1—三通阀活塞及活塞杆；2—节制阀；3—滑阀；4—副风缸；5—制动缸；
6—三通阀阀体；i—充气沟；n—联络槽；z—制动用孔；
r—制动缸孔；Ex—排气口；B—间隙

2. 制动位

列车运行中需要制动时，司机将制动阀手柄放置在制动位Ⅲ，如图 3-2 所示，使制动管排气减压，因此，活塞之左侧压力降低，右侧副风缸压力大于左侧制动管压力。如图 3-4 所示，活塞 1 在此压差作用下，克服其本身及节制阀的滑动阻力，向左移动。先左移一个间隙距离 *B* 之后，再带动滑阀 3 一起移至左端位置。此时，副风缸经滑阀上的上下贯通的 z 孔与制动缸孔 r 相通，副风缸中的压力空气充入制动缸。制动缸压力上升，副风缸压力下降。通过图 3-2 中的基础制动装置 7，使闸瓦 13 贴紧车轮，制动机发生制动作用。

3. 制动后保压位

列车制动时，当制动管减压达到了司机所预期的某一个减压量时，司机将制动阀手柄由如图 3-2 所示的制动位Ⅲ移至中立位Ⅱ，使制动管压力下降至一定值后不再继续减压时，由于三通阀活塞原来已处在图 3-4 的位置(制动位)，故副风缸仍继续向制动缸充气，而压力渐渐下降。等到副风缸压力下降至稍低于制动管压力时，活塞随即回移，带动节制阀右移一个间隙 *B* 后即停住不动如图 3-5 所示。节制阀遮住 z 孔，副风缸压力停止下降，活塞两侧不能再产生更大的压差。由于设计计算时，令此微小压差所引起的回移仅能克服活塞及节制阀的移动阻力，而不足以克服活塞及滑阀的移动阻力。所以，制动管减压一经停止，等到副风缸压力稍低于制动管压力时，三通阀便到达制动中立位，制动缸压力停止上升，制动机呈保压状态。

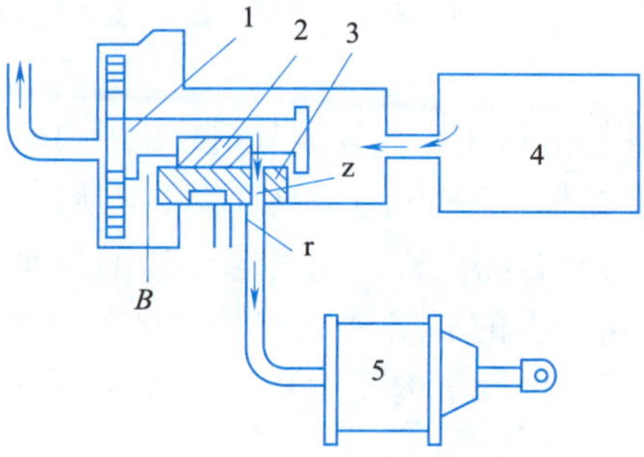

图 3-4　三通阀制动位

图注同图 3-3

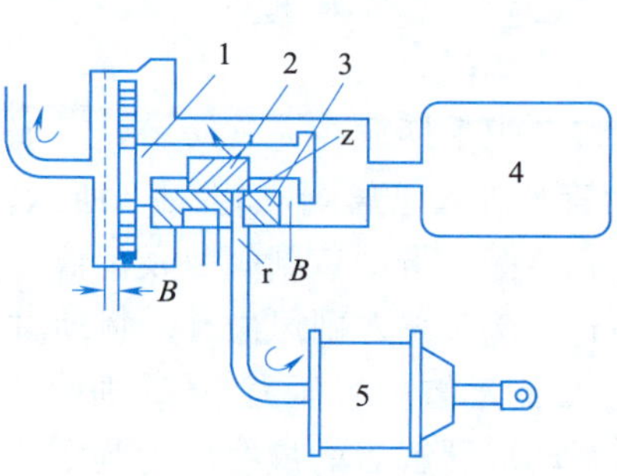

图 3-5　三通阀制动后保压位

图注同图 3-3

如果制动管再减压，三通阀活塞再到达制动位，制动缸压力重新上升。所以，司机需要调节制动力时，只要手柄在制动位与中立位之间交替操作，三通阀活塞相应地左右移动一个间隙距离 B，制动缸压力便分阶段上升，即得到阶段制动。

由于三通阀结构的限制，它不能实现缓解后的保压，即不能实现阶段缓解。

（三）自动空气制动机的特点

1. 制动管减压制动、增压缓解，列车分离时能够自动停车。

2. 制动时制动缸的压缩空气由各车辆的副风缸供给；缓解时，各制动缸的压缩空气经本节车三通阀排气口排入大气。因此前后车辆制动（缓解）的一致性较好。

三、三压力机构阀的概念

根据阀的作用原理自动制动机分为以下 3 种类型。

（1）具有二压力机构阀的自动制动机（图 3-3）：三通阀（或控制阀、分配阀）主活塞的动作是根据两种压力（制动管与副风缸）之间的压力差来控制，进而实现列车制动、缓解与保压作用的制动机。这种制动机只具有一次缓解性能，而不具备阶段缓解性能。

（2）具有三压力机构阀（图 3-6）的自动制动机：分配阀主活塞的动作由制动管、定压风缸和制动缸三种压力的变化来控制，以实现制动、缓解和保压作用的制动机。

（3）具有二、三压力混合机构阀的自动制动机：既具有二压力机构又具有三压力机构阀的称为二、三压力混合机构自动制动机。具有二、三压力混合机构的制动机兼顾了二压力机构阀和三压力机构阀的优点。并且，将转换塞门置于“客车位”可实现阶段缓解作用；置于“货车位”即可实现一次缓解作用。

四、折角塞门与截断塞门

制动管是一根贯通全列车的压力空气输送管，向各车辆制动机供给压力空气，也是一根传递列车制动、保压或缓解指令的控制管，司机通过机车上的自阀来操纵制动管中的空气压力变化，从而控制全列车各车辆制动机产生应有的动作。

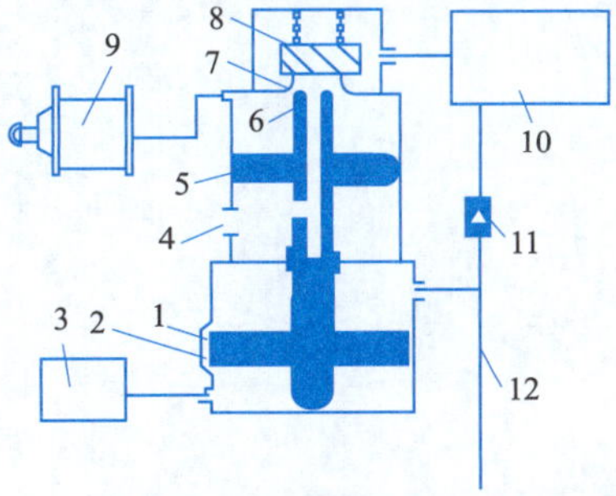

图 3-6　三压力机构阀

1—大活塞；2—充气沟；3—定压风缸；4—分配阀排气口；5—制动缸压力活塞（小活塞）；6—排气阀口；7—进气阀座；8—进排气阀；9—制动缸；10—副风缸；11—充气止回阀；12—制动管

折角塞门：安装在车辆制动主管的两端，用来开通或遮断制动主管与制动软管之间的空气通路，以利于在列车中处理制动软管或制动主管故障，保存或排出制动管压力空气。同时，在有压力空气状态下摘挂机车或车辆时，只需关闭其折角塞门而无须排除列车制动主管的全部压力空气。

截断塞门：安装在制动机支管上。制动机临时发生故障，或遇有特殊情况如货物列车中因装载的货物规定须停止该车辆的制动机作用时，必须将此塞门关闭（简称“关门”），截断塞门关闭的车辆（简称“关门车”）无空气制动作用。

五、车辆紧急制动

在紧急情况下为使列车尽快停住所施行的制动，称为“紧急制动”（也称为“非常制动”），它的特点是要最大限度地发挥列车的制动能力，因此作用比较迅速。

对于现代制动机来说，紧急制动与常用制动一般是分开的，由专门的设备（紧急阀、紧急部）实现。由于紧急阀的工作原理，司机使用列车紧急制动后，需经 15s 后才可以充气缓解，以防意外事故发生。

从原理上来看，紧急制动时制动管减压速度更快，三通（分配）阀的动作更迅速，向制动缸充风的通路更大，制动缸最终风压更高，也即制动力更早更大，以有效缩短制动距离，尽快停车，避免事故发生或扩大。

巩固练习

一、填空题

1. 用人力转动手轮或用杠杆拨动的方法，使闸瓦压紧车轮踏面而达到制动目的的制动机称为＿＿＿＿＿＿＿。

2. 用压力空气作为动力并用空气压力的变化来操纵的制动机，叫作＿＿＿＿＿＿＿。

3. 具有三压力机构阀的自动制动机，分配阀的动作由制动管、＿＿＿＿＿＿＿和制动缸三种压力来控制。

4. 制动机的灵敏度分为制动灵敏度和＿＿＿＿＿＿＿灵敏度。

5. 制动灵敏度又分为紧急制动灵敏度和＿＿＿＿＿＿＿灵敏度。

6. 列车的缓解作用沿列车方向由前向后逐次发生，习惯上叫作＿＿＿＿＿＿＿。

7. 司机使用列车紧急制动后，需经＿＿＿＿＿＿＿后才可以充气缓解。

二、选择题

1. 动力制动力的大小受到机车动力（　　）功率的限制。

A. 牵引　　B. 制动　　C. 最小

2. 以压力空气作为动力来源，但（　　）用电来控制制动装置的制动、保压和缓解作用。

A. 空气制动机　　B. 电空制动机　　C. 真空制动机

3. 截断塞门安装在车辆制动（　　）上。

A. 主管两端　　B. 主管中部　　C. 支管

4. 凡遇列车中某一车辆制动机发生故障，不能及时修复或因车辆装载的货物规定需停止使用该车制动机等情况时，可以关闭（　　），同时拉动缓解阀。

A. 折角塞门　　B. 排风塞门　　C. 截断塞门

5. 一辆车的（　　），就是在制动管一定的减压速度下经过一定的时间或一定的减压量，制动机必须发生制动作用。

A. 制动灵敏度　　B. 缓解灵敏度　　C. 稳定性

6. 制动管经排气口向大气排气时，制动管中的压力降将沿着列车长度（　　）逐次传播，称为空气波。

A. 由后向前　　B. 由中间到两端　　C. 由前向后

三、判断题

1. 在我国铁路车辆上均装有手动制动机，用于空气制动机故障时以及调车作业、坡道停留时的制动。（　　）

2. 在坡道上停留时间较长时，为防止空气制动机因制动缸漏泄发生自然缓解，还应拧紧人力制动机。（　　）

3. 电空制动机以电作为动力来源。（　　）

4. 电空制动机的最大优点是全列车能迅速实现制动和缓解作用，且列车前、后动作一致性好，适用于高速旅客列车和长大货物列车。（　　）

5. 折角塞门用来开通或遮断制动主管与制动软管之间的空气通路。（　　）

6. 总风管既是一根压力空气输送管，也是一根传递列车制动、保压和缓解指令的控制管。（　）

7. 所谓灵敏度就是制动机的感度，它是评价车辆制动机性能的主要指标之一。（　）

8. 空气波属于一种振动波，具有波的性质。空气波的传播速度称为空气波速。（　）

9. 制动作用或缓解作用沿列车长度方向的传播速度分别称为“制动波速”或“缓解波速”。（　）

10. 制动波速（或缓解波速）用来评价列车的制动（或缓解）灵敏度。（　）

项目四
机车运用与统计

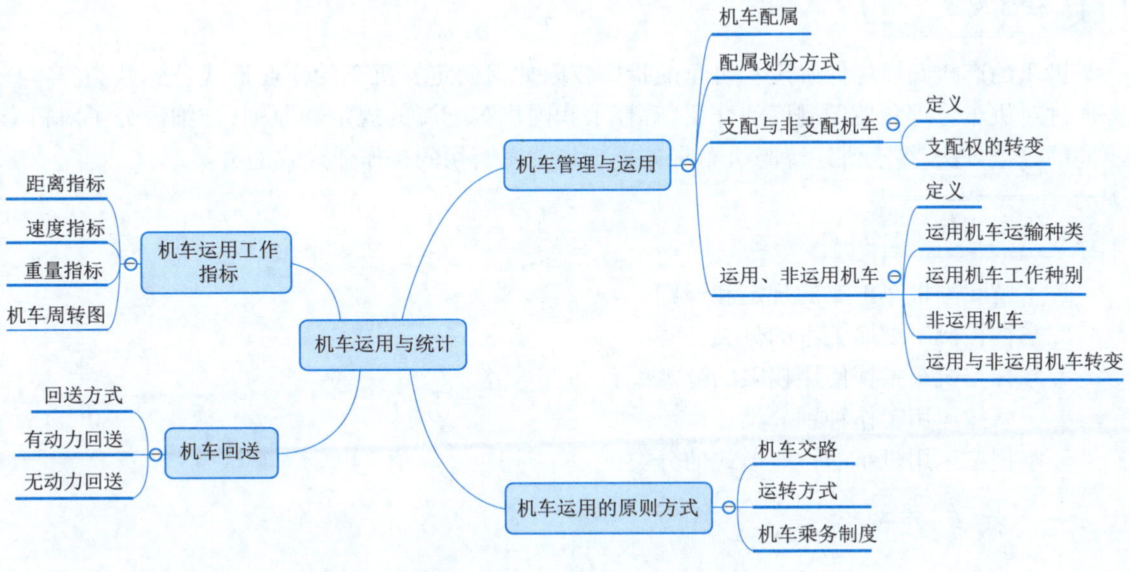

机车运用与统计
机车管理与运用
机车配属
配属划分方式
支配与非支配机车
定义
支配权的转变
运用、非运用机车
定义
运用机车运输种类
运用机车工作种别
非运用机车
运用与非运用机车转变
机车运用的原则方式
机车交路
运转方式
机车乘务制度
机车运用工作指标
距离指标
速度指标
重量指标
机车周转图
机车回送
回送方式
有动力回送
无动力回送

项目描述

机车运用管理是铁路运输的重要组成部分。搞好机车的运用工作，经济、合理地利用机车，提高机车各项运用指标，是机车运用工作的目标。

本项目包括按照运输需要配置机车；确定机车牵引交路和机车运转制；选用乘务制度和乘务员换班方式；编制机车周转图和机车运用计划；力求达到机车各项运用指标；加强安全管理，确保行车和人身安全；严格按列车运行图行车，安全正点地完成列车牵引作业和调车作业。

学习目标

1. 了解机车的配属制度，掌握机车的分类。
2. 掌握机车的运用原则与方式。
3. 理解机车运用指标，提高列车操纵技术。
4. 掌握机车回送与备用规定，安全高效地完成相关作业。

任务一　机车管理与运用

任务描述

机车的产权归属如何确定？机车的指挥权限如何确定？机车的作业形式分哪几类？本任务通过对机车管理和使用制度的介绍，解释了我国机车配属的规定和原则；详细区分了对机车不同的分类方法，重点讲述了与机车乘务员工作关系密切的按作业形式的分类。

任务目标

1. 了解我国机车配属的规定和原则。
2. 掌握按机车配属关系的分类。
3. 掌握按机车指挥使用权限的分类。
4. 了解按运用工作种别分类。
5. 掌握按运用机车的作业形式的分类。

一、机车的配属

在我国，铁路机车主要实行配属制度。中国铁路集团有限公司（以下简称国铁集团）根据机车配属原则，把机车配属给各个铁路局集团公司（以下简称铁路局），各铁路局又把机车配属给所属的各个机务段。各机务段在其所担当的牵引区段内组织机车牵引列车运行或从事与运输生产有关的其他工作。

为了有效地管理机车及科学、经济、合理地使用机车，国铁集团及各铁路局每年在制订年度计划时，都要确定各局、段的配属机车台数和类型，并作出路网现有机车的调整方案。由于机车配属上和应用方式上的这些特点，国铁集团可以根据全路运输生产的需要，对各段配属机车进行调配，最大限度地利用好机车，提高铁路运输能力。

机车在配属过程中，应注意以下原则：

(1)近期与远期相结合，满足运输需要，符合机车牵引动力发展和检修布局的规划，提高机车使用效率和资产回报及效益。

(2)力求机型统一、点线结合集中配属。

(3)合理使用机车，平衡相邻区段的牵引定数。

(4)适应列车编组计划和运输设备的基本要求。

(5)配置机车根据机车周转图查定，并依据担当任务性质等情况，确定机车检修、备用率。原则上，小运转、调车任务按 12%，客、货任务管内的按 12%、跨局机车交路的按 15%，春暑运期间临客任务占图定任务 10%以上的机务段按 20%，直供电机车按 25%。

二、机车的配属划分

衡量一个铁路局(机务段)所拥有的机车的状态是否经常发生变动，不能仅仅只看机车台数以及机车的分配状况。为了掌握机车的动态，分析运用情况，计算机车运用及机车检修指标，必须对机车进行合理的划分。

(一)按机车配属关系的分类

按机车的配属关系分为配属机车和非配属机车两大类。

1. 配属机车

配属机车是指根据国铁集团配属命令，拨交给铁路局及机务段保管、使用，涂有局、段标志，并在资产台账内登记的机车，包括企业自购机车。

2. 非配属机车

非配属机车是指原配属关系不变，根据国铁集团电报命令由他局、段派至本局、本段入助及临时加入支配(含长交路轮乘)的机车。

(二)按机车指挥使用权限分类

按机车指挥使用权限分为支配机车和非支配机车两大类。

1. 支配机车

支配机车是指根据国铁集团、铁路局命令拨交各局、段支配使用的机车，包括入助和临时加入支配(含长交路轮乘)的机车。

2. 非支配机车

非支配机车是指根据国铁集团命令批准的封存(封存机车为机务段、铁路局的非支配机车)、长期备用(长期备用机车为机务段的非支配机车，为铁路局集团公司的支配机车)、出助的机车以及按租用合同办理的出租机车。

3. 支配、非支配机车分类

(1)支配机车

支配机车分为运用机车和非运用机车两类。

运用机车：客运、快运、货运(货物、小运转)、路用、补机、专用调车以及其他工作机车 。

非运用机车：长期备用(不包含在机务段支配内)、短期备用、检修(C6 修或大修、C5 修或轻大修、C4 修或中修、C3 修、C2 修或小修、C1 修或辅修、临修、其他检修)、其他。

(2)非支配机车

一般包含长期备用(不包括在铁路局非支配内)、封存、出租、出助。

（三）支配、非支配机车的转变时分

1. 长期备用机车

长期备用机车指由国铁集团批准备用 30 天以上的机车。加入时分自接到批准的调度命令后，从整备完成时刻（“长期备用机车记录”时间）起；解除时分自接到解除命令，在 48 小时（平均气温低于－10℃的寒冷地区为 72 小时）内达到出段状态时起。

长期备用机车有动力试运转或有动力回送时，自接到命令时起加入支配，按运用机车统计；试运转后再转入原状态时，其转入时分自入段规定技术作业完成时起。鉴定期内若发现长期备用机车不良处所时应由鉴定组织及时通知机车调度室。自发现时起加入支配，按检修机车统计：消除不良处所后，仍要长期备用，自修理完了时起加入，同时取消支配。

长期备用机车未达到规定的备用时间而解备时，自备用之时起至解备时止按短期备用计算（不足 24 小时的，按运用机车统计）。超备用命令规定时间继续备用时，在补发命令前按运用机车统计。

2. 出租机车

出租和退租时分自出、承租双方交接完成时起；如不进行交接，按合同规定的时间计算。对下列情况应加入支配按运用或检修机车统计：

（1）临时参加铁路运营工作时，其加入时分根据司机报单实际工作开始至工作完成时止。

（2）进行 C6 修或大修、C5 修或轻大修、C4 修或中修时按检修机车统计。其加入时分，C6 修或大修、C5 修或轻大修自到达承修厂界或承修段界时起，C4 修或中修自到达承修段规定技术作业完了时起；修竣后不回本段继续出租时，自监造人员或驻段机车验收员签字时起取消支配。如机车先入本段再入厂或承修段进行 C6 修或大修、C5 修或轻大修、C4 修或中修时，自入本段时起加入支配；修竣后回本段继续出租时，自出段时起取消支配。回段 C3 修、C2 修或小修、C1 修或辅修、临修时不加入支配，仍按出租机车统计，C3 修、C2 修或小修、C1 修或辅修修竣台数按外委统计。如另派机车代替时，代替的机车自到达工作地点时起至工作完了离开工作地点时止，按出租机车统计。

3. 助勤机车：根据调度命令，出助段自机车出段经过站段分界点时起取消支配，入助段同时加入支配。助勤完了时，入助段自机车出段时起取消支配，出助段同时加入支配（经过站段分界点时分，由出、入助段机车调度室及时通知对方）。

4. 长交路轮乘制机车

（1）站交接：自机车到达乘务员继乘站时起至到达下一个继乘站时止，为值乘乘务员所属段的支配机车。

（2）段交接：机车到达继乘站后入段时，入段前为上班乘务员所属段的支配机车，入段后为接班乘务员所属段的支配机车。

（3）若因机车故障在继乘站或入段检修时，自机车修竣时起为接班乘务员所属段的支配机车。

5. 未配属给铁路局、机务段的新造及新购置机车委托机务段进行牵引试运，由机车乘务员接车时起至交车时止的时间，加入支配按运用机车统计。

6. 封存机车

封存机车指因运输任务波动长期闲置及老、旧、杂型的机车。封存机车由国铁集团批准，且封存时间 90 天以上。

封存机车未达到规定封存时间解除封存时，达到短期备用时间的按短期备用机车统计，达到长期备用时间的按长期备用机车统计。

三、运用、非运用机车

（一）运用机车

为参加各种运用工作的机车。包括担当工作前必须进行必要的准备工作、等待工作的机车和经国铁集团、铁路局命令批准的其他工作的机车。

（二）运用机车的运输种别

根据列车车次、列车组成、工作地点和国铁集团、铁路局有关文件及命令确定。

1. 客运工作

为担任各种旅客列车（包括动车组、直达特快、特快、快速、普通旅客列车，通勤列车，临时旅客列车，旅游列车）、客货混合列车、回送客车底列车及军用车次开行的整列客车、代客货车（包括空重）列车的机车。

其中动车组工作为担任旅客运输的动车组。

2. 快运工作

为担任特快货物班列、快速货物班列和货物快运列车的机车。

3. 货运工作

（1）货物工作

为担任各种货物列车（包括直达、直通、区段、摘挂、超限、重载货物列车及挂有零散货物快运车辆在基本车次前加字母“X”的直达、直通和区段货物等列车，冷藏列车，自备车列车等）及军用车次开行的列车机车（整列客车及代客货车的列车机车除外）。

（2）小运转工作：为担任小运转列车工作的机车。

4. 路用工作

为担任路用、试验、救援、除雪、回送入厂列车及应急备用的机车。包括：

（1）牵引无动力机车及机械车辆的机车。

（2）因机车调拨、出租、助勤、出入厂、试运转（在检修中试运转除外）所开行的单机。

（3）固定驻在折返段及车站担任工作的机车，回段修理时往返所产生的单机。

（4）机车在外段、站发生故障，不能继续牵引列车，回段修理时所产生的单机。

（5）由于自然灾害、电网故障或行车事故，根据调度命令停运且在保留地点产生停留时间的机车。

（6）机务段运用车间与检修车间不在同一地点，因检修往返途经闭塞区间所产生的单机。

（7）根据列车运行图规定或调度命令，担当应急救援的机车。

5. 补机工作

为在补机区段内担任补助牵引或推进的机车（不论挂于任何位置）。超过补机区段运行时，其超过部分根据调度命令确定为重联或有动力附挂，无调度命令按有动力附挂统计。

6. 专用调车工作项目

（1）固定在车站专为担任调车工作及在非补机区段担任送坡任务的机车。

（2）月间计划指定利用列车的本务机车，在列车始发站及终到站兼作调车工作的实际作业时间。

（3）专调机车在区间装卸走行不足一个站间区间时，以及在非营业线（包括未办理临管的新线、支线、专用线、联络线）的作业时间。

（4）专调兼作小运转的机车，在所担任的专调站间牵引小运转列车前后的时间。

（5）在国境联络线上取送车辆所开行的列车机车和单机。

7. 其他工作

为担任上述 6 种工作以外的运用机车。其中包括：

（1）月间计划规定专门担任段内调车工作的全部时间及利用段内等待工作的机车兼作段内调车的实际工作时间，但不包括定检到期等待修理的机车，如发生则将其全部时间按检修机车统计（月间计划无规定而产生的段内调车按段内等待工作统计）。

（2）专为评比鉴定、教学、考试、技术表演、对规对标、观摩等项工作准备的机车。

（3）根据调度命令扣下担任特运任务的有动力机车等。

（三）运用机车的工作种别

1. 本务机车

为牵引列车担任本务作业的机车。两台机车牵引列车（包括规定的双机牵引区段）及组合列车，第一台按本务机车统计，第二台按重联机车统计。但两个列车临时合并运行时，两台机车均按本务机车统计，所牵引的重量和车数，各按原担任的列车组成填记。

2. 重联机车

为图定或根据调度命令附挂于列车担任辅助牵引的机车。通过补机区段时，仍按重联机车统计。

3. 有动力附挂机车

为根据调度命令附挂于列车回送的有动力机车。

4. 单机

单机运输种别按下列规定确定：

（1）全区段都为单机时，按其往路或复路的运输种别确定；往返都为单机时，按其往路的计划运输种别确定。

（2）利用单机在途中担任别的工作时，其前后单机仍按原运输种别确定。

（3）不同运输种别的单机连挂运行时，各按原运输种别确定。

（4）单机挂车的辆数，线路坡度不超过 12‰的区段，以 10 辆为限；超过 12‰的区段，由铁路局规定，超过规定辆数按货运列车统计。

（四）非运用机车

非运用机车是指未参加运用工作的机车。包括备用、检修及国铁集团、铁路局命令批准的其他机车。

（五）运用、非运用机车的转变时分

1. 短期备用机车

短期备用机车是指机务本段机车交路计划内无任务或任务已经取消，并以调度命令备用的良好机车。短期备用不少于 24 小时并不超过 30 天。有支配机车的折返段或驻在所，视作本段处理。跨局长交路机车不得在外局短备。

短期备用机车应是质量良好的机车，必须符合《铁路机车运用管理规则》规定的条件。备用时间必须连续 24 小时及以上，但不超过 30 天，不足 24 小时的按运用机车统计，超过 30 天的

超过部分按运用机车统计。备用中不得进行各种检修，如发生则从备用时分起的全部时间按检修机车统计（乘务员在不损坏配件、不影响解除的原则下，进行自检自修范围的保养、清扫工作，不按检修统计）。定检到期等待修理的机车不得转入备用，如发生则将其全部时间按检修机车统计。

（1）加入短期备用时分

①根据调度命令预定加入备用时，在运行中的机车自入段规定技术作业完了时起，检修机车自修竣时起。

②在段等待工作的机车，自接到调度命令时起。

③机车加入备用时分，不得早于发令时分，其发令前的时间按原状态统计。

（2）解除短期备用时分

①自接到调度命令时起，要在 2 小时内达到运用状态。如发令晚于乘务员出勤时，自乘务员出勤时刻起。发令晚于机车出段时，按无令解除。

②无令解除擅自投入运用，自备用时起按运用机车统计。

2. 检修机车

检修机车为等待修理和修理中的机车。

（1）定检机车

为按机车检修规程规定的检修周期在承修单位修理，以及属于承修单位责任而发生返工修理的机车。

机车定检修程：C6 修或大修、C5 修或轻大修、C4 修或中修、C3 修、C2 修或小修，C1 修或辅修。

①转入时分

入厂修理的有动力机车自进入厂界时起，由厂界值班员在司机报单上签注到达厂界月、日、时分，并由厂方当日拍发铁路电报并传真铁路电报原文通知机车所属铁路局、机务段。等待入厂的无动力机车自入本段规定技术作业完了时起。入段修理的机车自进入本段或承修段规定技术作业完了时起，承修段技术科应及时拍发铁路电报并传真铁路电报原文通知机车所属铁路局、机务段。

②修竣时分：为驻厂（段）监造人员（验收员）确认修竣合格并签收的时分。该时分应由承修厂（段）及时拍发铁路电报并传真电报原文通知机车所属铁路局、机务段。

③机车在定检中发现超范围修理按原修程统计；经铁路局批准改变修程时，前一修程已完并经监造人员（验收员）签收可按修竣统计；前一修程未完，其全部时间按改变后的修程统计。

④定检到期的机车如发生临修时，应在定检中进行，不准在临修修竣后再转为定检。如发生此种情况，其全部时间均算为定检时间。

⑤经驻厂（段）监造项目部（验收室）鉴定，属于工厂或承修段责任需返工修理的机车，自发现故障时起列入返 C6 修或大修、C5 修或轻大修、C4 修或中修。机车在定检中发生返 C6 修或大修、C5 修或轻大修、C4 修或中修，自发现时起按返 C6 修或大修、C5 修或轻大修、C4 修或中修统计；如定检工作全部完了经监造人员（验收员）签收为修竣时，可自定检修竣时起转入返 C6 修或大修、C5 修或轻大修、C4 修或中修。

（2）临修机车

临修机车为两次定检间进行临时修理的机车。

①转入时分：

a. 因检修工人修理，不能按规定时间出段或影响日班计划规定的机车交路时，自规定技术作业完了时起。

b. 在段外担任工作发生故障不能担任原来工作，自停止工作完了时起。但经乘务员处理后能单机返段时，自入段规定技术作业完了时起。

c. 机车在备用期间如因乘务员自检自修而影响解除备用时，自修理时起。

②修竣时分

修竣时分为实际修理完了交车的时分。

③机车在外段发生临修时，承修段应及时将修理时间通知机车所属段。

④实行长交路轮乘制的机车发生临修时，由机车支配段填报。

(3)其他检修机车

①加入长期备用和封存进行整备的机车自接到批准的调度命令时起，至整备完了时（"长期备用机车记录"时间）止。

②C4 修或中修机车涂漆，包括进行机车整体涂漆及内燃机车清洗燃油箱的时间。

③C6 修或大修、C5 修或轻大修、C4 修或中修机车回本段后进行整修时，自实际整修时起至实际完成交车时止（包括机车信号、机车自动停车装置、列车无线调度电话、列车运行监控记录装置等行车安全设备的安装时间）。

④进行整修及机务段自定（报铁路局备案）的加装改造项目的机车，自实际开始时起至完成交出时止。

3. 其他机车

其他机车备用及检修以外经国铁集团、铁路局命令批准的非运用机车。

(1)技术改造的机车

为根据国铁集团规定的改造项目及铁路局批准的试改项目进行现代化改装的机车。自入段规定技术作业完了时起至改造完了时止。

(2)移转交接无动力停留和回送的良好机车

为修竣出厂、转移配属、新造和新购置等原因，无动力停留和回送的良好机车。由运用转入移转交接、无动力回送，自接到命令时刻起；工厂修竣的机车自监造人员（验收员）签字时刻起，至回送入段时止。

(3)防寒、年度鉴定的机车：自入段规定技术作业完了时起至实际工作完了时止。

(4)因等进口配件长期（30 天以上）不能参加运用的机车。

(5)C6 修或大修、C5 修或轻大修、C4 修或中修机车入厂、段修理前拆卸行车安全设备时，自实际拆卸时起至完成交出时止。

(6)等待报废机车：为具备国铁集团规定报废条件的机车。自鉴定委员会同意并提出，经铁路局批准"机车报废申请核准书"时起，至国铁集团批复通知铁路局时止。

(7)根据调度命令扣下担任特运任务的无动力机车。

任务二　机车运用的原则与方式

任务描述

如何确定机车牵引交路？如何组织机车在交路上进行牵引列车作业？乘务员使用机车是

怎样组织的？本任务叙述了机车交路的种类和确定原则；具体描述了肩回式、循环式、半循环式和环形式4种机车运转方式的概念、规定和特点；介绍了机车乘务员使用机车的制度及其特点。

任务目标

1. 掌握机车交路的概念、种类和确定原则。
2. 掌握机车运转方式的种类和特点。
3. 掌握机车乘务制度及其优缺点。

一、机车交路

机车交路是机车固定担当运输任务的周转区段。

（一）机车交路的种类

机车交路按用途分为客运机车交路和货运机车交路。

按区段距离分为一般机车交路和长交路（客车800 km以上、货车500 km以上）。

（二）确定机车交路的长短因素

1. 机车运行一定距离后，必须进行技术检查和整备作业。

2. 必须考虑机车乘务员对牵引区段线路的熟悉程度及沿途站场的设施情况，有利于发挥操纵技术和保证行车安全。

3. 必须考虑机车乘务员的出乘方式和一次出乘连续工作时间。

4. 考虑编组站的布局、列检公里、列车旅速、货物运送距离以及直达货流所占的比重等因素。

二、机车运转方式

机车运转方式也叫机车运转制或机车周转方式，就是机车在交路上担当任务，往返行驶于机务段与折返（机务）段之间的运行方式。

机车运转方式有：肩回式、循环式、半循环式和环形式4种。

（一）肩回式运转方式

机车担当机务段所在站的相邻两个区段的牵引列车任务，机车除在折返段整备外，每次返回机务段所在站时，都入段进行技术作业的方式叫肩回式运转方式。

（二）循环式运转方式

机车担当机务段所在站相邻两个或更多区段的列车牵引任务，除需要进入折返段进行技术作业或因检修修程需要入机务段以外，机车均在机务段所在站进行乘务员换班和整备作业，直到需要定期检修时才进入本段的叫循环式运转方式。

循环式与肩回式运转方式相比具有以下优点：

1. 循环式运转方式的机车每周转一次就比肩回式减少一次机车进段整备作业时间。

2. 节省机车出入库走行时间，减少车站为机车出入库办理作业的时间。

3. 减少与接发列车、调车作业的相互干扰加速机车、车辆周转。

（三）半循环式运转方式

机车担当机务段所在站相邻两个区段的列车牵引任务，除需要进入折返段进行技术整备外，机车第一次返回机务段所在站时不入段，仅进行乘务员换班作业，第二次返回机务段所在站时才入机务段进行技术整备作业的叫作半循环式运转方式。与肩回式运转方式相比，半循环式每经过两个周转作业入机务段一次。

（四）环形运转方式（小运转制交路）

机车在牵引区段内或枢纽区段内，担当两次及其以上往复的列车牵引任务后，再进入本段进行技术整备作业或按照规定日期进入本段进行技术整备作业的叫环形运转方式。

环形运转方式适用于小运转列车，环城、城际列车，通勤列车及动车组等。

三、机车乘务制度

机车乘务制度是机车乘务员使用机车的制度。机车乘务制度分为包乘制、轮乘制和轮包结合制 3 种。

按值乘方式分为标准班、单班单司机、双班单司机。

机车乘务制度的选择应符合工作时间标准和运输需要，积极推行标准班，管内具备条件的可实行单司机，严格控制双班单司机。干线机车实行轮乘制，调车机车，小运转机车可实行包乘制。

根据各区段机车交路、乘务制度和工作条件，合理采用机车运转制和乘务员换班方式。

（一）包乘制及特点

包乘制是将一台机车由固定的机车乘务组（一般为 3～4 班）使用并负责日常保养。其优点如下：

1. 加强乘务员对机车保养的责任心，有利于保证机车的运用保养质量。
2. 乘务员熟悉所包机车的性能特点，有利于发挥操作技术。
3. 为机车的运用管理提供方便条件。

但包乘制受乘务员工作时间的限制，机车的生产时间不能充分发挥，降低了机车的运用效率。

（二）轮乘制及特点

轮乘制是机车不固定乘务组，而由许多乘务组轮流使用，机车乘务员和地勤人员分别负责机车的自检自修和日常保养工作。其优点为：

1. 机车运用不受乘务组作息时间的限制，可以缩短非生产停留时间，有助于发挥机车的生产时间，提高机车运用效率。
2. 合理掌握乘务员作息时间，实行长交路运行，提高乘务员的劳动生产率。
3. 便于机车集中检修，提高检修人员的劳动生产率。

但实行轮乘制对机车质量和管理水平要求较高，乘务人员和检修人员需要具备较高的技术水平，才能达到提高运用效率的目的。实行轮乘制的关键是在轮乘的基础上，建立并落实好各种负责制和检查制度。

（三）轮包结合制

轮包结合制是结合轮乘制和包乘制的优点，既能充分发挥机车的效能，又能减轻乘务人员工作强度。

任务三　机车运用工作指标

任务描述

机车运用指标是衡量机车运用质量的尺度，也是改进机车运用工作的依据。主要有以下几种指标：全周转时间、技术速度、旅行速度、日车公里、列车平均重量、货运机车日产量、能源消耗量、牵引总重吨公里等。此外，本任务还介绍了机车周转图的概念。

任务目标

1. 掌握机车走行公里的概念。
2. 掌握机车技术速度、旅行速度的概念。
3. 掌握列车总重吨公里的概念和意义。
4. 理解机车周转图的含义与用途。

机车运用工作，是铁路运输工作的重要组成部分。机车运用工作指标，则是考查机车运用工作成绩的尺度，也是分析机车运用工作中存在的问题，研究改进机车运用工作的依据。对机车运用指标的考核，一方面通过制定一套科学的统计标准，正确、全面地反映机车运用效率和完成的工作量。另一方面是采用定期统计报表的方法，搜集整理机车运用指标的数值，分析机车运用指标的变化对完成运输任务的影响，机车运用统计中常用指标有机车走行公里、机车技术速度、旅行速度、牵引总重吨公里等。

一、机车走行公里

机车走行公里是指运用机车实际走行或换算走行的公里数。

1. 机车走行公里的意义

机车走行公里从机车走行距离上反映了机车的工作量，是确定机车检修修程，计算油脂、燃料消耗、日车公里、技术速度、旅行速度、总重吨公里的依据。

2. 机车走行公里种类

(1)本务机车走行公里：牵引列车的本务机车走行公里。

(2)沿线走行公里：本务、单机(含有动力附挂)、重联和补机走行公里之和。

(3)辅助走行公里：单机(含有动力附挂)、重联、补机及各种换算走行公里之和。

(4)换算走行公里：按机车台小时换算的走行公里。调车工作每小时作业时间换算 20 公里；其他工作每小时换算 5 公里；有动力停留每小时换算 4 公里(内燃、电力运用机车的段内停留均按有动力停留统计)。

(5)机车总走行公里：沿线走行公里及换算走行公里之和。

3. 机车日车公里

机车日车公里是平均每台运用机车在一昼夜内走行的公里数。

支配机车日车公里是平均每台支配机车在一昼夜内走行的公里数。

日车公里从时间上反映了机车的运用效率，是机车运用的主要效率指标。

二、机车工作时间

(一)全周转时间

全周转时间为机车每周转一次所消耗的时间(非运用时间除外)。包括纯停留时间、中间站停留时间、本段和折返段停留时间、本段和折返段所在站停留时间。

回段机车为上次入段时起至本次入段时止；实行循环运转和轮乘制的机车为上次机车到达乘务员换班站时起至本次机车到达乘务员换班站时止；在站换班机车为接车时起至交车时止。

(二)纯运转时间

纯运转时间为机车在区间内运行所占用闭塞的时间，包括区间内各种原因的停留时间(停车装卸除外)。

1. 列车在区间内发生分部运行时，自列车驶出站界至该列车全部车辆到达前方站的时间(包括接取遗留车辆的全部时间)。

2. 机车在进站信号机外停车和在自动闭塞区间内的等待自动闭塞信号的停留时间。

3. 机车在区间内坡停后往返走行及停留时间(包括退到后方站不另办理闭塞手续的站停时间)。

(三)中间站停留时间

中间站停留时间为机车在列车运行区段内中间站(线路所、信号所)的停留和调车时间。包括：

1. 列车在区间内停车装卸后，继续向前方运行的停留时间。

2. 列车在中间站，由于变更运行方向而变更车次(运输种别不变)的停留时间；列车在中间站变更车次而不变更列车组成的停留时间。

3. 列车在区间内分部运行时，自全部车辆到达前方站时起至列车发出时止的停留时间。

4. 机车在区间内坡停退到后方站后，另行办理闭塞时，自第一次到达该站时起至最后一次由该站发出时止的全部停留时间。

5. 列车在区间内停车装卸后返回原站(不满一个区间)，在区间内的停留及往返走行时间按列车调车统计。

(四)旅行时间

旅行时间为自始发站出发时起至终到站到达时止的全部时间。

(五)本段、折返段所在站停留时间

本段、折返段所在站停留时间为机车自出段时起至本段、折返段所在站牵引列车出发时止，和牵引列车到达本段、折返段所在站时起至入段时止的全部时间，其中包括调车时间。列车始发及终到站与机务段不在同一地点时，两个站的停留时间按所在站计算(单机到中间站牵引中间站始发或终止的列车向前方继续运行时，在该站的停留时间按本段或折返段所在站计算)。

机车牵引列车在中间站变更车次并变更列车组成，或在折返段所在站未入段而折返，或继续运行产生的停留时间，为折返段所在站停留时间。机车入段前或出段后利用段外三角线转头时，按机务段所在站停留时间计算。如从段内专为去段外三角线转头后又回段等待工作，仍按段内停留时间计算，不填写出入段时间。

（六）运转时间

运转时间为纯运转、中间站停留、本段和折返段所在站停留时间之和。

（七）本段、折返段停留时间

本段、折返段停留时间为机车入段时起至出段时止的时间（非运行时间除外）。

三、速度指标

（一）机车技术速度

机车技术速度是指机车在区间内平均每小时走行的公里，简称技速。

$$技术速度=\frac{本务机车走行公里}{本务机车纯运转时间}$$

（二）机车旅行速度

机车旅行速度是指机车在区段内平均每小时走行的公里，简称旅速。

$$旅行速度=\frac{本务机车走行公里}{本务机车旅行时间}$$

机车旅行时间简称旅时，是指机车牵引列车从始发站发车至到达终点站的全部时间。

（三）技术速度和旅行速度的意义

机车技术速度和机车旅行速度指标都是从机车时间的利用方面来反映机车运用效率的。技术速度和旅行速度的提高不仅可以加速机车本身的周转，而且还可以加速被牵引车辆的周转，从而使旅客和货物缩短到达终点站的时间。同时，可以减少机车的走行时间，也就减少了列车占用区间的时间，从而提高线路的通过能力。

四、牵引总重吨公里

牵引总重吨公里是指机车牵引列车所完成的工作量[包括单机（附挂）车辆完成的工作量]。其中的总重吨数包含货物的总重和牵引车辆的自重。

牵引总重吨公里反映铁路运输部门承运货物后的工作量，是确定机车油脂、燃料、电力消耗的重要依据；是计算日产量、平均牵引总重的原始资料。机车的牵引总重（载重）和实际走行公里来自司机报单。因此，司机要认真核对列车编组顺序表，并认真填记司机报单。

$$牵引总重吨公里=机车牵引总重\times实际走行公里$$

五、机车周转图

机车周转图是根据列车运行图、机车运转方式、乘务员乘务方式编制的机车牵引列车的工作计划和机车实际工作过程的线条图。

（一）机车周转图用途

1. 机车周转图确定了机车牵引列车的车次及开、到时刻。

2. 确定了机车在本、外段、站的标准技术作业时间。

3. 根据牵引区段的列车对数，计算出机车平均全周转时间，进而确定机车使用系数和机车使用台数。

4. 根据牵引区段的距离，测算出机车总走行公里，进而测算出机车的大、中、小、辅修任务。

5. 计算出机车日车公里、旅行速度、技术速度等机车运用效率指标。

6. 机务段还要根据机车周转图合理地计划燃料、水、砂、油脂的储备和使用，并安排机车检修及整备等各项工作和程序。

（二）机车周转图的基本含义

机车周转图是运用坐标图原理表示运行机车的一种图解形式。在坐标图形的机车周转图上可以表示以下含义。

1. 横轴线表示时间。在横轴线上，按一定的比例用竖线划分出 24 个等分格，表示一昼夜 24 h。

2. 用纵轴线表示距离：将纵轴线按一定的比例用水平线加以划分，表示机务段及折返段所在站、编组站、区段站、给水站。

3. 用斜线表示机车的运行线，斜线与横轴线的夹角越大，表示速度越高，反之则速度越低。此外，还要用《铁路机车调度规程》规定的列车运行线和列车整理符号及机车运用整理符号全面、准确地反映运行机车的全部工作过程。

任务四 机车回送

任务描述

机车回送是机车业务中的一项重要工作。铁路机车回送方式有单机、专列、附挂、托运 4 种，不同的回送方式都有各自的要求和具体规定，工作中要严格遵守。

任务目标

1. 掌握机车回送的方式及规定。
2. 掌握有动力回送机车的有关规定。
3. 掌握无动力回送机车规定。

在铁路运输过程中，常因机车需要异地检修、驻勤、调拨及新配属等业务，对机车进行两地间的运送，称为机车回送。

一、机车回送的方式及规定

铁路机车回送方式有：单机、专列、附挂、托运 4 种。

铁路局所属电力机车在回送全程均为电气化区段时，应采用有动力附挂直通（直达）货物列车回送。回送全程不全是电气化区段时，应采用无动力托运方式回送。无动力托运方式回送时，需向车站办理免费托运手续。

铁路局所属机车无动力附挂时，不得跨牵引区段回送。

新造或厂修的内燃机车出厂时，全部按有动力附挂方式回送。入厂的内燃机车除事故车和返厂修车外，必须达到运用状态，按有动力附挂方式回送。

铁路局间调拨的内燃机车均按有动力附挂方式回送。铁路局集团管内的调拨和出、入厂的机车回送方式由铁路局自定。

二、有动力回送机车的有关规定

(一)有动力附挂回送机车在外机务(折返)段整备作业的规定

有动力附挂回送机车在中途入机务(折返)段,应根据需要进行整备作业,所补充的燃料、油脂、冷却水,凭回送机车乘务员签认的回送清单,各机务段间进行清算。

回送机车在机务(折返)段的停留时间,无特殊情况不得超过 24 h,并自行打温。

有动力附挂回送机车在中途出、入机务段时,机车乘务员应到机务段机车调度室办理出、退勤手续,报告机车状态。如出、入段需要带道时,机务段机调应提前布置。所在段应及时派带道人员协助。

(二) 有动力附挂机车的限制

1. 有动力附挂回送机车,除受桥梁限制必须实行隔离的区段外,应挂于本务机车的次位,每列不得超过 2 台。

2. 专列回送每列不得超过 5 台。

3. 走行部及制动机等严重破损的机车禁止随列车跨铁路局回送,需在铁路局管内回送时,其办法自定。

4. 20‰以上的高坡区段,禁止办理机车专列回送。

5. 货运机车不准随旅客列车附挂回送。

6. 快速旅客列车不应附挂回送机车,但担当快速旅客列车任务的客运机车走行部和制动装置良好时,可在保证安全的前提下随快速旅客列车附挂回送。

三、无动力回送机车规定

(一)内燃机车无动力托运时要求

1. 电传动内燃机车的牵引电动机电刷全部拔掉(直流电机)。

2. 液力传动内燃机车应拆除与动轮连接的万向轴。

3. 拆除动轴轴箱测速发电机的机械连接。

4. 排净柴油机的冷却水和润滑油,冬季注意防冻。

5. 按不同类型机车制动机无动力回送要求,切断制动阀与列车制动主管的通路,开放无动力装置塞门。

6. 制动缸活塞行程调整到标准的最大值。

7. 分配阀安全阀压力调整至 150～200 kPa。

8. 无动力托运机车应由司机随车回送,并备有信号器具和必要的油脂、工具。

9. 在填写“回送机车请求书”的限制速度及理由时,如不要求限速或能满足回送全程列车运行速度要求时,应填写“不限”字样。

(二)电力机车无动力托运要求

1. 牵引电动机电刷全部拔掉(直流电机)

2. 拆除动轴轴箱测速发电机的机械连接。

3. 按不同类型机车制动机无动力回送要求,切断制动阀与列车制动主管的通路,开放无动力装置塞门。

4. 制动缸活塞行程调整到标准的最大值。

5. 分配阀安全阀压力调整至 150～200 kPa。

6. 无动力托运机车应由司机随车回送，并备有信号器具和必要的油脂、工具。

7. 在填写“回送机车请求书”的限制速度及理由时，如不要求限速或能满足回送全程列车运行速度要求时，应填写“不限”字样。

巩固练习

一、填空题

1. 机车从事列车牵引作业的方式称为机车运转制，机车按运转制来分，有__________运转制和循环形运转制两种。
2. 机车走行公里从机车走行距离上反映了机车的工作量，是确定机车检修__________，计算油脂、燃料消耗、日车公里、技术速度、旅行速度、总重吨公里的依据。
3. 机车旅行时间是指机车牵引列车从__________至到达终点站的全部时间。
4. 按机车的配属关系分为配属机车和__________机车。
5. 解除短期备用的内燃、电力机车，自接到调度命令起，在__________内达到出段状态。
6. 铁路机车回送方式有：单机、专列、__________和托运4种。
7. 电力、电传动内燃机车无动力托运时，制动缸活塞行程应调整到标准的__________。
8. 电力、电传动内燃机车无动力托运时，应将牵引电动机的电刷__________。
9. 机车牵引列车在指定的牵引区段内往复运行，这个牵引区段就是__________。
10. 牵引总重吨数包含货物的总重和牵引车辆的__________。
11. 机车周转图是运用__________原理表示运行机车的一种图解形式。
12. 在机车周转图横轴线上，按一定的比例用竖线划分出24个等分格，表示一昼夜__________的时分。

二、选择题

1. 担当牵引列车任务的机车叫作(　　)。
   A. 附挂机车　　B. 本务机车　　C. 动力机车
2. 运行图确定的或根据调度命令附挂于列车，担当辅助牵引的机车是(　　)。
   A. 附挂机车　　B. 本务机车　　C. 重联机车
3. 机车走行公里是指(　　)实际走行公里或换算走行的公里数。
   A. 支配机车　　B. 运用机车　　C. 本务机车
4. 列车机车在区段内(包括中间站停留时间)平均每小时走行的公里是(　　)。
   A. 旅行速度　　B. 技术速度　　C. 最大速度
5. 原配属关系不变，根据国铁集团 铁路局命令由他局、段派至本局、段入助及临时加入支配(长交路轮乘)的机车是(　　)。
   A. 配属机车　　B. 非配属机车　　C. 支配机车
6. 长期备用的机车解除备用要在(　　)h内(寒冷地区，平均气温低于零下10 ℃时，为72 h)达到出段状态。
   A. 2　　B. 24　　C. 48
7. 内、电机车无动力托运时，按不同类型机车制动机无动力回送要求，切断制动阀与列车制动主管的通路，开放(　　)塞门。
   A. 总风缸　　B. 控制风缸　　C. 无动力装置
8. 牵引总重吨公里=(　　)×实际走行公里。
   A. 货物总重　　B. 车辆自重　　C. 牵引总重

9. 在坐标图形的机车周转图上，横轴线表示(　　)。
A. 时间　　B. 距离　　C. 机车运行线
10. 在坐标图形的机车周转图上用纵轴线表示(　　)。
A. 时间　　B. 距离　　C. 机车运行线

三、判断题

1. 有动力附挂机车是根据调度命令附挂于列车回送的有动力机车。(　　)
2. 机车运转方式也叫机车运转制或机车周转方式，就是机车在交路上担当任务，往返行驶于机务段与折返(机务)段之间的运行方式。(　　)
3. 循环式运转方式适用于电力机车、内燃机车。(　　)
4. 机车技术速度是指机车牵引列车在区段内(不计入中间站停留时间)平均每小时走行的公里。(　　)
5. 配属机车是指根据国铁集团、铁路局配属命令拨交给铁路局、机务段保管、使用，涂有局、段标志并在资产台账内登记的机车。(　　)
6. 铁路局所属机车无动力附挂时，可以跨牵引区段回送。(　　)
7. 机车交路按区段距离分为一般机车交路和长交路。(　　)
8. 牵引总重吨公里是指机车牵引列车所完成的走行公里。(　　)
9. 在坐标图形的机车周转图上，用斜线表示机车的运行线，斜线与横轴线的夹角越大，表示速度越低，反之则速度越高。(　　)

四、简答题

1. 什么是循环式运转方式？

2. 确定机车交路应考虑哪些因素？

项目五
机车整备与保养作业

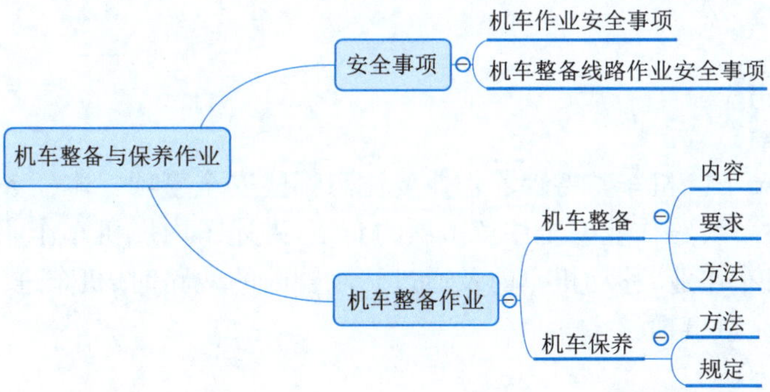

项目描述

机车经过一段时间的运用后，由于各种原因，往往会造成部件的损坏和技术状态的偏离，直接影响到牵引任务的完成和机车的使用寿命。因此，做好机车整备工作，加强机车保养，对于提高机车质量、加速机车周转、保证铁路运输秩序和安全生产至关重要。机务段在机车运用前，必须对机车进行日常的整备保养工作。

本项目内容包括机车作业安全注意事项、机车整备线路作业安全注意事项；机车整备作业内容；机车检查注意事项；机车检查检测方法；机车保养、检查方法等。

学习目标

1. 掌握机车整备保养安全注意事项。
2. 了解机车整备作业内容。
3. 掌握机车检查注意事项。
4. 掌握机车检查检测方法。
5. 掌握机车保养、检查方法。

任务一　机车整备保养安全事项

任务描述

安全责任重于泰山。机车整备保养作业要注意哪些安全事项？本任务通过对机车作业安全注意事项、机车整备线路作业安全注意事项的介绍，讲述了内燃机车作业、电力机车作业、机车内部作业、一般机车作业、移动机车前及通过站段管内的线路时、机车进入挂车线时、更换机车闸瓦时的规定及注意事项。

任务目标

1. 掌握内燃机车作业、电力机车作业时的安全注意事项。
2. 掌握机车内部作业、一般机车作业时的安全注意事项。
3. 掌握机车整备线路作业安全注意事项。

一、机车作业安全注意事项

（一）内燃机车作业

1. 检查蓄电池时，要先断开闸刀，严禁明火照明或将金属工具放在蓄电池的跨线上，并注意防止电解液溅到衣服、皮肤、眼睛上。

2. 进行水阻试验或机车带负荷运行时，禁止进入高压室作业。

3. 差示压力计作用后，在未判明原因前，禁止立即打开曲轴箱检查孔盖进行检查。

4. 检查机车电气部分时，禁止手触各电器触头，不得带电检查处理故障或直接接触高压带电部件。在不得已情况下需要人为闭合或断开电器时，必须使用绝缘物。检查电机内部时，开关或闸刀上须挂禁动牌。

5. 禁止带电接触高压导线和各种用电设备的导电部分。严禁敲击、紧固有压力或带电的机车部件。检修前，必须切断压力来源，排尽剩余压力，切断电源，禁止带电作业。

6. 机车检查完毕后，各防护网、罩必须安装牢固。

(二)电力机车作业

1. 禁止在带电的情况下，接触绝缘的和未绝缘的导线及各种电气设备的导电部分。

2. 在整备线及检查线上进行整备作业或检查时，应将司机台控制电源钥匙(电气联锁转换开关)拉回零位取出，由检查人员随身携带；上车顶作业时，应按规定打开隔离开关并挂好接地线后，方可登上车顶进行检查或修理。

3. 进入走廊，禁止携带与行车无关的物品，若必须携带物品通过走廊时，不可侵入高压保护网内，运行途中走廊巡视时要站稳抓牢，防止手及检查用品接触带电部件。

4. 对机车高压系统进行检查或处理故障时，必须先断开主断路器，降下受电弓，将司机台控制电源钥匙拉回零位取出后，才能进行检查或处理。在不得已需要带电人为闭合或断开低压电器时，必须使用绝缘物。

5. 严禁敲击紧固有压力的机车部件。检修前，必须切断压力来源，排尽剩余压力。

6. 机车检查完毕后，各防护网、罩必须安装牢固。

(三)机车内部作业

1. 进入机械间巡视检查事项

进入机械间巡视检查前必须呼唤，经司机同意后方可进入，检查时，禁止接触各运动部件及高温或带电的部件，确保人身安全。

2. 机车上的安全保护装置动作事项

机车各安全保护装置和监督计量器具不得盲目拆(切)除及任意调整其动作参数。内燃、电力机车各保护电器(油压、水温、接地、过流、柴油机超速、超压等保护装置)动作后，在未判明原因前，严禁盲目强迫启动柴油机及切除保护装置。当机车保护装置切除后，应密切注意机车各仪表的显示，加强机械间的巡视，防止因处理不当而扩大或加重机车的故障损失。

(四)机车一般作业规定

1. 安全电压规定

从安全观点来看，所谓低压并不是安全电压。安全电压是指对人体不会引起生命危险的电压，一般是指 36 V 及其以下。如将低电压误认为就是安全电压，工作中不采取安全措施是十分危险的。

2. 电气化线路作业

接触网的各导线及其相连部件，通常均带有高压电，因此禁止直接或间接通过任何物件(如棒条、导线、水流等)与上述设备接触。当接触网的绝缘不良时，在其支柱、支撑结构及其金属结构上，在回流线与钢轨的连接点上，都可能出现高电压，因此应避免与上述部件相接触。当接触网绝缘损坏时，禁止接触。

3. 机车在运行中发生问题注意事项

机车在运行中电机遇有下列情况之一时，应断电对电机进行检查：

(1)电机冒烟，起火。

(2)通电后，电机未启动，闻到异味或有“嗡嗡”声出现。

(3)电机联轴器损坏或负载装置发生故障。

(4)电机轴承异音或损坏。

(5)电机温升过高。

(6)电机的机身振动剧烈。

(7)转速不稳定,忽高忽低。

凡电机发生上述现象时,一定要查明原因并及时处理。

二、机车整备线路作业安全注意事项

(一)移动机车前及通过站段管内的线路时应注意事项

移动机车前,应加强联系,确认机车下部及两侧无作业人员,止轮器已撤除,手制动已缓解,并鸣笛后方可动车。

通过站段管内或其他特殊规定的线路时,应认真确认线路道岔开通状态,并注意邻线机车车辆以及工作人员的动向,执行要道还道制度,严守限制速度,并不得将身体探伸门窗以外,以防与建筑物碰撞。

(二)列车及机车防溜措施

1. 列车在沿途各站停车,调小机车在车站停留时,不论在任何情况下,乘务员必须坚守岗位,有人看守机车。

2. 列车进站停车时,必须施行制动后的保压。

3. 停放在机务段或折返段内的机车,单独制动阀应施行制动并拧紧手制动机。内燃、电力机车要锁好车门,钥匙交于机调室保管;除整备线和检修库内各线外,其他所有停放的机车均应设置止轮器。

(三)更换机车闸瓦时注意事项

1. 机班人员应加强联系,注意人身安全,并对机车采取防溜措施。

2. 关闭相应制动缸(转向架)的塞门,然后将单阀置于制动位(使另一转向架的制动缸充气制动)。

3. 作业中严禁移动自阀或单阀手柄并挂好禁动牌。

更换闸瓦作业完毕后,应开放相应的制动缸塞门,进行制动试验,调整闸瓦间隙,然后撤除防溜措施。

(四)机车进入挂车线注意事项

1. 机车进入挂车线后,应严格控制速度,确认脱轨器、防护信号及停留车位置。

2. 距脱轨器、防护信号、车列前 10 m 左右必须停车。

3. 确认脱轨器、防护信号撤除后,显示连挂信号,以不超过 5 km/h 的速度平稳连挂。

4. 连挂时,根据需要适量撒砂。

任务二　机车整备保养作业

任务描述

机车整备作业有哪些内容?机车检查、检测有哪些方法?机车检查时应注意哪些事项?

本任务介绍了内燃机车、电力机车整备作业的内容；讲解了机车检查的注意事项；详细叙述了机车检查的手检法、机车检测的测量法和测试法；机车保养检查方法和机车保养相关规定。

任务目标

1. 掌握内燃机车、电力机车整备作业内容。
2. 掌握机车检查注意事项。
3. 掌握机车检查方法。
4. 掌握机车检测方法。
5. 掌握机车保养检查方法和相关规定。

机车整备作业是指在机车运用周转过程中，自机车入段交接至出段交接时止，为保证机车运用安全、质量稳定所做的技术作业，主要包括油水砂补给，排污保洁、维护保洁、维护保养、检查检测、数据分析、机器试验、报修活件处理等，以及为配合以上作业所进行的生产作业计划编制、机车移动、调车、防溜、隔离开关操作等辅助作业。

一、机车整备作业

（一）内燃机车乘务员的整备作业内容

1. 补足适用标号的燃料油。
2. 按规定补充各种润滑油脂、工作油和柴油机冷却水。
3. 按规定补足质量良好的机车用砂，并试验撒砂作用良好。
4. 了解接班机车的维修情况和机车技术状态。
5. 按作业程序、标准对机车进行检查、给油和自检自修作业；进行机车电气全面试验及制动机系统的机能试验。
6. 进行机车无线电话、机车自动信号、自动停车装置或安全监控装置试验，并将其置于正常工作状态。

（二）电力机车乘务员的整备作业内容

1. 了解接班机车的维修情况和机车技术状态。
2. 按规定补充各种润滑油脂和工作油。
3. 按规定补足质量良好的机车用砂，并试验撒砂作用良好。
4. 按作业程序、标准对机车进行检查、给油和自检自修作业；进行机车电气系统的高、低压试验和制动机系统的机能试验。
5. 进行机车无线电话、机车自动信号、自动停车装置或安全监控装置试验，并将其置于正常工作状态。

（三）机车检查注意事项

1. 机车检查前必须遵守“先联系，后检查”的制度，并通知有关作业人员，在操纵手柄开关处挂好禁动标志。

2. 检查机车时应做到：顺序检查，不错不漏；姿势正确，步法不乱；锤分轻重，目标准确，目视耳听，仔细周到；鼻嗅手触，灵活熟练；仪表量具，动用自如；判断故障，迅速果断。

3. 检查带有压力的管子、细小管接头螺母、M14 以下螺母以及对光洁度要求较高或引有镀层的零件时，禁止锤击。

4. 用手晃动、拍击、拧动零件时用力要适当，防止损伤部件，尤其是检查线路接头与紧固件松紧度时，要顺时针拧动。

5. 禁止反方向敲击螺母、螺栓或打在螺栓、螺母的棱角上。

6. 检查带电部件及转动部件时，禁止手触，以防触电或挤伤。

7. 对加封的零部件（如铅封，漆封）严禁随意破封，各种保护装置不得随意变动其动作参数，各部件检查完后，必须恢复原位。

8. 检查机车时要注意人身安全，严禁跳跃地沟。

9. 电力机车进行车顶作业时，机车必须停在安全区内，并办妥停电手续，挂好接地线后方能进行。上车顶必须由车顶门登上，严禁从其他地方爬上车顶。在检查中，应注意防止跌落和摔伤，确保人身安全。

10. 电力机车升弓做高压试验前，必须确认各高压室和地沟内无人后方可进行。高压试验升、降弓，必须按规定鸣笛和呼唤应答后方可进行，以保证人身安全。

（四）机车检查方法

手检法有手动、手触两种方式。

1. 手动

对不适宜锤检的部件应用手动检查。手动包括：晃、拍、握、拧。适用于较细小的螺钉、管接头、各部阀门及仪表、电器等。采用“晃动看安装、手拧看松漏”的方法，视其是否有松缓、泄漏、安装不牢固等现象，手动检查各止阀的手轮，可确认各油、水、风管路中阀门的正确位置。

2. 手触

手触主要适用于检查有关部件的温度、振动以及高压油管的脉冲等。在运行中不能进行手触温度检查的部件，应在停车后马上进行。判断温度方法：可以长时间手触温度为 40 ℃上下；手触 3 s 为 70 ℃上下；90 ℃以上不能接触。

（五）检测方式

1. 测量法

使用塞尺、直尺、卷尺及专用工具测量有关部件正常间隙、距离、行程等各限度尺寸。

2. 测试法

使用万用表测试电压、电阻、电流的数值，使用试灯测试电路中的断路、虚接等故障。

（1）使用万用表时，应先将表针调至“0”位，安好表笔（红笔插“＋”，黑笔插“—”），然后，根据测试项目，选择好挡位（电压、电流、电阻挡等）及量程。严格遵守安全操作规则，防止烧表及触电事故。

（2）使用试灯时要注意试灯有正灯、负灯之分。线夹接正极线时称为正灯；线夹接负极线时称为负灯。正灯用于测试电器的负端电路故障，负灯用于测试电器的正端电路故障。区分正、负试灯使用的目的是避免用试灯直接导通电路，使电器动作造成危害。在实际运用中，大多使用负灯。

二、机车保养

（一）保养、检查方法

机车电器保养质量就是指电器的技术状态和清洁状态。电器保养质量的好坏，直接影响机车的运用质量，因此对机车电器维护和保养工作要做到下列几条：

1. 检查和保养电器时要切断电源。机车辅修、小修时要用 300～350 kPa 的压缩空气吹扫电器，或用毛刷、棉布擦拭电器，使各电器保持清洁干燥。

2. 对电器的机械传动装置（转动部位）给油处所，要按时给油，如传动风缸、各注油嘴等，以保证机械装置的正常润滑，使其动作灵活可靠。

3. 电器装置各触头、触指、接点的工作表面有氧化层或接触不良时，及时用棉布蘸汽油或酒精擦洗。有灼伤处所可用 0 号砂布打磨，对于烧痕严重的要用细锉刀进行锉修，但银质接点禁止用砂布或锉刀修整。

4. 各触头、触指、接点的接触压力、开距、超程不良时要及时调整。发现触头焊片开焊、脱落、灭弧罩断裂破损的要及时更换或修理。

5. 电器线路各连接处要牢固，无松动现象。发现导线绝缘不良、电路虚接、短路、断路或有接地现象时要立即消除。

6. 电器上的漆封标记要清晰，不准任意改动。电器试验时动作要正确，发现有卡滞者及时处理。

7. 机车在运用中不准随意改变电器的动作整定值，禁止更改电器线路结构。

8. 各电器上的风管路、塞门和接头，要经常定期检查，使之处于良好状态，做到不漏风、不串风。

（二）机车保养相关规定

1. 电机给油保养

电机轴承加油时油量应占整个轴承空间的 2/3 为宜。如对电机轴承加油过少，会使电机轴承润滑不良，造成发热烧损；加油过多，则当轴承温度升高时，造成散热不良，使轴承发热甚至烧损。同时，加油太多还容易使油窜进电机内部，降低电机绝缘。还会使换向器表面产生火花，烧坏电机。

2. 润滑油使用

当润滑油流动时，液体分子间的内摩擦阻力使液体流动性能下降，产生一种黏滞性，这种性能称为润滑油的黏度。

黏度是内燃机车柴油机油主要性能参数之一，我国机油的分类就以此为依据。黏度指标通常以运动黏度来衡量。

油脂黏度的变化取决于油脂的温度。温度升高时，其黏度就会下降，黏着性能也会下降，不易建立油膜，反而会增加挥发和漏泄。油温过高时甚至会失去润滑作用；温度降低时，其黏度就会加大，流动性能降低。油温过低时甚至会失去流动性能，同样影响润滑作用。

巩固练习

一、填空题

1. 检查蓄电池时，要先断开__________，严禁明火照明或将金属工具放在蓄电池的跨线上，并注意防止电解液溅到衣服、皮肤、眼睛上。
2. 严禁敲击、紧固有压力或带电的机车部件。检修前，必须切断压力来源，排尽__________，切断电源，禁止带电作业。
3. 列车在沿途各站停车，调小机车在车站停留时，不论在任何情况下，乘务员必须坚守岗位，有人看守__________。
4. 内燃、电力机车整备作业进行主要试验包括：进行机车电气试验及__________系统的机能试验。
5. 检查机车时，对不适宜锤检的部件应用__________检查。
6. 检查机车时，手触检查主要适用于有关部件的温度、振动以及高压油管的__________。
7. 使用__________时要注意线夹接正极线时称为正灯；线夹接负极线时称为负灯。
8. 用手晃动、拍击、拧动零件时用力要适当，防止损伤部件，尤其是检查线路接头与紧固件松紧度时，要__________拧动。
9. 黏度是内燃机车柴油机油主要性能参数之一，我国机油的分类就以此为依据。黏度指标通常以__________来衡量。
10. 油脂黏度的变化取决于油脂的__________。

二、选择题

1. 内燃机车(　　)作用后，在未判明原因前，禁止立即打开曲轴箱检查孔盖进行检查。
   A. 水温继电器　　B. 差示压力计　　C. 油压继电器
2. 检查电机内部时，开关或闸刀上须(　　)。
   A. 闭合　　B. 断开　　C. 挂禁动牌
3. 列车进站停车时，必须施行制动后的(　　)。
   A. 缓解　　B. 过充　　C. 保压
4. 安全电压一般是指(　　)及以下的电压。
   A. 24 V　　B. 36 V　　C. 48 V
5. 机车在运行中，电机轴承异音或损坏应先(　　)。
   A. 断电对电机进行检查　　B. 低速运　　C. 请求救援
6. 所谓整备作业，就是对机车进行出发前的准备和供应，使其达到(　　)规定的技术状态。
   A.《铁路技术管理规程(普速铁路部分)》
   B.《铁路机车运用管理规则》
   C.《铁路机车操作规则》
7. 手触检查部件时，手背触及部件表面的持续时间为(　　)s 时相应的温度为 70 ℃上下。
   A. 3　　B. 7　　C. 10

8. 使用塞尺、直尺、卷尺及专用工具测量有关部件正常间隙、距离、行程等各限度尺寸的方法为(　　)。

A. 目视法　　B. 测试法　　C. 测量法

9. 使用万用表测试电压、电阻、电流的数值，使用试灯测试电路中的断路、虚接等故障的方法为(　　)。

A. 目视法　　B. 测试法　　C. 测量法

10. 机车进入挂车线后应注意距脱轨器、防护信号、车列前(　　)左右必须停车。

A. 5 m　　B. 10 m　　C. 15 m

11. 机车进入挂车线后应注意，确认脱轨器、防护信号撤除后，显示连挂信号，以不超过(　　)的速度平稳连挂。

A. 5 km/h　　B. 10 km/h　　C. 15 km/h

12. 检查和保养电器时要切断电源，机车辅修、小修时要用(　　)的压缩空气吹扫电器，或用毛刷、棉布擦拭电器，使各电器保持清洁干燥。

A. 200～300 kPa　　B. 300～350 kPa　　C. 400～550 kPa

13. 一般电机轴承的加油量应占轴承空间的(　　)为宜。

A. 1/3　　B. 1/2　　C. 2/3

14. 机车无动力回送时分配阀安全阀调整至(　　)。

A. 150～200 kPa　　B. 200～350 kPa　　C. 350～450 kPa

15. 检查带有压力的管子、细小管接头螺母、(　　)以下螺母以及对光洁度要求较高或引有镀层的零件时，禁止锤击。

A. M10　　B. M12　　C. M14

16. 电力机车进行车顶作业时，机车必须停在安全区内，并办妥停电手续，挂好(　　)线后方能进行。

A. 安全　　B. 接地　　C. 绝缘

17. 当润滑油流动时，液体分子间的内摩擦阻力使液体流动性能下降，产生一种黏滞性，这种性能称为润滑油的(　　)。

A. 闪点　　B. 残值　　C. 黏度

18. 温度降低时，润滑油的黏度(　　)。

A. 加大　　B. 变小　　C. 不变

三、判断题

1. 检查机车电气部分时，禁止手触各电器触头，不得带电检查处理故障或直接接触高压带电部件。(　　)

2. 进行水阻试验或机车带负荷运行时，禁止进入高压室作业。(　　)

3. 移动机车前，应加强联系，确认机车下部及两侧无作业人员，止轮器已撤除，手制动已缓解，就可动车。(　　)

4. 更换机车闸瓦作业中，严禁移动自阀或单阀手柄并挂好禁动牌。(　　)

5. 更换闸瓦作业完毕后，应开放相应的制动缸塞门，然后撤除防溜措施。(　　)

6. 进入机械间巡视检查前必须呼唤，经司机同意后方可进入。检查时，禁止接触各运动部件及高温或带电的部件，确保人身安全。(　　)

7. 手触检查部件时，手背触及部件表面的持续时间为可以长时间手触，相应的温度为 70 ℃上下。（　　）
8. 使用试灯时要注意试灯有正灯、负灯之分。（　　）
9. 正灯用于测试电器的正端电路故障，负灯用于测试电器的负端电路故障。（　　）
10. 机车电器保养质量就是指电器的技术状态。（　　）
11. 机车在运用中不准随意改变电器的动作整定值，禁止更改电器线路结构。（　　）
12. 机车检查前必须遵守“先联系，后检查”的制度，并通知有关作业人员，在操纵手柄开关处挂好禁动标志。（　　）
13. 对加封的零部件(如铅封、漆封)严禁随意破封，各种保护装置不得随意变动其动作参数。各部件检查完后，必须恢复定(原)位。（　　）
14. 电力机车升弓做高压试验前，必须确认各高压室和地沟内无人后方可进行。高压试验升、降弓，必须按规定鸣笛和呼唤应答后方可进行，以保证人身安全。（　　）

四、简答题

1. 机车上的安全保护装置动作后应注意什么？

2. 在电化区段工作时应注意什么？

3. 机车在运行中，电机发生哪些情况时应断电检查？

4. 为什么对电机轴承加油不能过多或过少？

5. 检查机车时应做到哪些？

项目六
列车运行与操纵

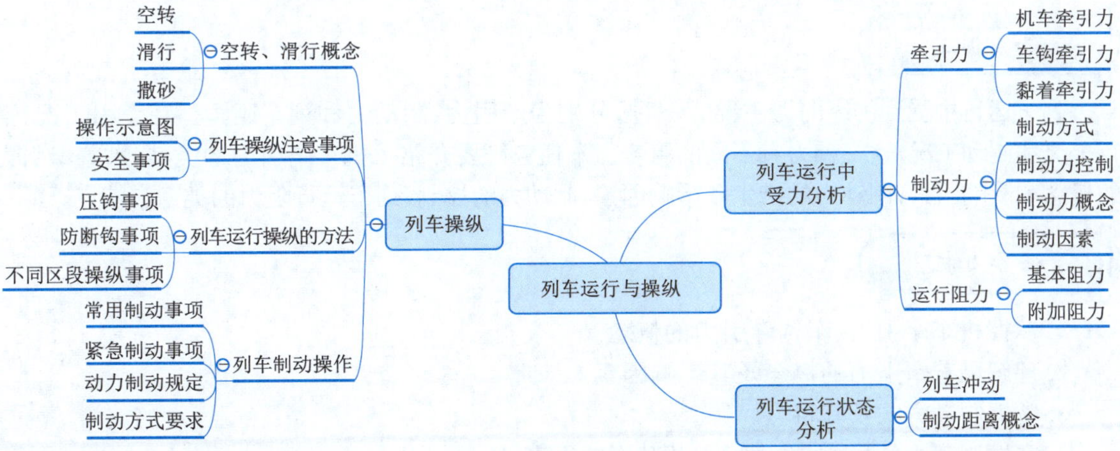
列车运行与操纵
列车操纵
空转、滑行概念
空转
滑行
撒砂
列车操纵注意事项
操作示意图
安全事项
列车运行操纵的方法
压钩事项
防断钩事项
不同区段操纵事项
列车制动操作
常用制动事项
紧急制动事项
动力制动规定
制动方式要求
列车运行中受力分析
牵引力
机车牵引力
车钩牵引力
黏着牵引力
制动力
制动方式
制动力控制
制动力概念
制动因素
运行阻力
基本阻力
附加阻力
列车运行状态分析
列车冲动
制动距离概念

项目描述

分析列车的运行状态及其相关因素，是机务部门的重要工作之一，对提高乘务员对列车运行的理解和操纵水平的提高有现实的意义。本项目阐述了列车牵引的基本理论及计算、电力机车操纵的基本知识及方法。主要内容有：机车牵引力的产生及其牵引性能，列车运行阻力的类型及产生原因，列车制动力的产生及其计算，列车制动问题的解算方法及其实际应用，机车在站段的作业及操纵，列车运行中的操纵，制动机的操纵方法等。

学习目标

1. 掌握牵引力、制动力、列车运行阻力的概念。
2. 理解列车冲动产生的原因和减小方法。
3. 掌握空转、滑行的原因、现象和预防措施。
4. 掌握列车运行中的操作方法。
5. 掌握列车制动操作方法。

任务一　列车运行中受力分析

任务描述

列车运行中受到的纵向力主要有三种，分别为牵引力、制动力和列车阻力。在牵引工况、惰行工况和制动工况，这三种力有不同的组合。本任务简要介绍了机车牵引力的类型、黏着牵引力的概念和影响因素；制动力的产生和影响因素，制动力的控制；列车运行阻力的类型和特点。

任务目标

1. 掌握机车牵引力、车钩牵引力的概念。
2. 理解黏着牵引力的概念及其影响因素。
3. 掌握制动方式及其特点。
4. 掌握制动力的概念、产生过程及其影响因素。
5. 掌握列车运行阻力的概念与分类。

列车运行中受到的纵向力主要有三种，分别为牵引力、制动力和列车阻力。在牵引工况，列车受牵引力和列车阻力；在惰行工况，列车仅受阻力；在制动工况，列车受制动力、列车阻力。下面介绍一下列车运行中受到的各种力。

一、牵引力

（一）机车牵引力

机车牵引力是与列车运行方向相同并可以由司机根据需要调节的外力。

机车动力装置发出的扭矩经传动装置传递，在各动轮的轮周上形成切向力，依靠动轮与钢轨间的黏着作用而产生由钢轨作用于各动轮周上的反作用力，从而使列车发生平移运动。这种由钢轨作用于动轮周上的切向外力之和，即为机车轮周牵引力，简称机车牵引力。

（二）车钩牵引力

车钩牵引力是轮周牵引力除去驱动机车本身的阻力消耗后实际作用在车钩上的牵引力。

（三）黏着重量与黏着牵引力

黏着重量：机车动轴上所承受的机车重量。

黏着牵引力：在不发生动轮空转的前提下，机车所能实现的最大轮周牵引力称为黏着牵引力。

（四）影响黏着牵引力的因素

1. 机车运行中弹簧的振动，动轴载荷产生不均和变化以及线路状态与线路坡道的大小等原因，均会致使机车黏着重量发生变化。

2. 机车运行中出现蛇行运动、沉浮运动、摇头振动、侧滚运动，轮轨间清洁与接触状态变化以及机车各动轮直径的大小差异，使轮轨间发生某种程度的滑动，都会使黏着系数发生变化。

3. 机车速度变化也影响黏着系数，机车速度增高时，黏着系数下降。

二、列车制动力

由司机控制、通过制动装置产生的，与列车运行方向相反并可根据需要调节的外力称为列车制动力。机车是通过施加制动力进行制动的，常用的制动方式有摩擦制动、动力制动和电磁制动等。

（一）制动方式

1. 摩擦制动

通过人力或气动（液压）将力作用到制动装置闸瓦或闸片上，使其与轮对或制动盘产生摩擦，从而使机车车辆产生制动作用。

（1）闸瓦制动：以压缩空气为动力，通过控制传动装置使闸瓦压紧车轮踏面产生摩擦而形成的制动。

（2）盘形制动：以压缩空气为动力，通过控制传动装置使闸片压紧装在车轴（或车轮）上的制动盘产生摩擦而形成的制动。

盘形制动基础制动装置有两种类型：制动盘装在车轮上的叫轮盘式盘形制动装置；制动盘装在车轴上的叫轴盘式盘形制动装置，如图 6-1 所示。

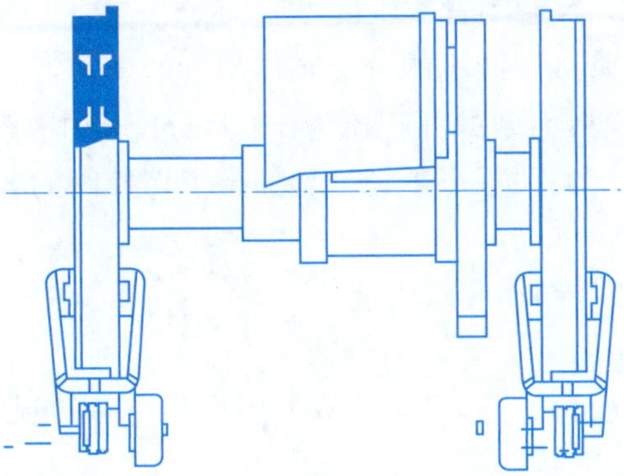

（a）轮盘式

（b）轴盘式

图 6-1　盘形制动

2. 动力制动

依靠机车的动力机械装置产生的制动力进行的制动称为动力制动，包括电阻制动、再生制动、液力制动等，动力制动力的大小受到机车动力制动功率的限制。

（1）电阻制动：制动时牵引电机变为发电机状态，把列车的动能转换成电能，再把电能加在制动电阻上，电阻产生的热量消散于大气中，从而产生制动作用。

（2）再生制动：制动时牵引电机变为发电机状态，把列车的动能转换成电能，再把电能回馈到电网再生利用，从而产生制动作用。

（3）液力制动：液力传动内燃机车利用其液力传动装置消耗列车动能的制动方式。机车车轮带动液力变速箱内液力变矩器的涡轮或液力制动器的涡轮（转子）高速旋转，驱使工作油在液力变矩器或液力制动器的循环圆内循环流动，工作油对涡轮的反作用扭矩，传至车轮形成制动力矩，使列车减速，列车的动能在液力变矩器或液力制动器内转变为油的热能，由工作油带出，在油水热交换器内把热量传给冷却水。

3. 电磁制动

通过组装在转向架上的电磁装置与轨道之间的电磁感应现象，实现机车动能的转化，从而产生阻碍机车车辆运行的阻力。

（1）磁轨制动：接通励磁电流将转向架上的制动电磁铁吸附在钢轨上，电磁铁的极靴与轨面摩擦而产生制动力。

（2）涡流制动：利用转向架上的电磁铁和电磁感应体的相对运动，引起电涡流产生电磁力而形成制动力，直接利用钢轨为电磁感应体的称为轨道涡流制动。

电磁制动属于非黏着制动，应用在高速列车上。

（二）制动力控制

1. 制动缸压力与制动管减压量的关系

机车制动缸压力与制动管减压量的关系，实际上也是作用风缸压力与制动管减压量的关系。因为自阀制动时，制动缸压力受作用风缸的控制，而且两者压力保持平等。根据分配阀主阀大、小膜板面积比以及制动保压状态时的平衡条件，即可求出制动管减压量与作用风缸的关系。

$$制动缸压力=2.5\times 制动管减压量$$

但是对于加装了切控阀的客运机车，制动管减压产生的分配阀作用管的压力，还要通过切控阀的控制。由于三压力机构的切控阀上下膜板活塞的面积比为 1∶1，分配阀作用管的压力经切控阀出来只能依照制动管的减压量按 1∶1 的关系产生，所以，加装了切控阀的客运机车，其制动缸压力与制动管减压量的关系为：

$$制动缸压力=1\times 制动管减压量$$

2. 制动管的最大有效减压量

若制动管再继续减压，制动缸的压力也不会再上升，这个使双方压力均衡时的制动管减压量，称为最大有效减压量。

制动管定压为 500 kPa 时，最大有效减压量为 140 kPa；制动管定压为 600 kPa 时，最大有效减压量为 170 kPa。

(三)制动力

1. 制动力相关概念

制动压力:闸瓦作用于车轮踏面或闸片作用于制动盘上的压力,称为制动压力,也称闸瓦压力。

制动原动力:作用在制动缸活塞的压缩机推动活塞,由活塞杆传出的力称制动原动力。

制动倍率:制动原动力通过制动传动装置的传递,并增大后传给闸瓦,其增大的倍数称为制动倍率。

制动倍率＝ 闸瓦压力/制动原动力

2. 制动力与闸瓦压力关系

闸瓦产生的制动力等于闸瓦与车轮踏面之间的摩擦力。一块闸瓦产生的制动力 ΔB 等于闸瓦压力 K 与摩擦系数 φ_k 的乘积:

$$\Delta B = K\varphi_k。$$

闸瓦压力大,制动力也大。但闸瓦压力不能过大,否则将会产生“抱死轮”现象,使机车、车辆产生滑行,损伤车轮并延长制动距离。

闸片产生的制动力,则等于闸片与制动盘之间的摩擦力换算到车轮踏面上的值。

(四)影响制动力大小的因素

1. 制动缸内空气压力的大小;
2. 制动缸活塞直径的大小;
3. 制动倍率的大小;
4. 闸瓦与车轮间摩擦系数的变化。

三、运行阻力

列车运行阻力是列车在运行中产生的,与其运行方向相反而且不能操纵的外力。列车运行阻力分基本阻力和附加阻力。

1. 基本阻力

列车在运行中任何情况下都存在的阻力为基本阻力,如列车在平、直线路上启动或运行时只有启动和运行基本阻力。

基本阻力分为:轴承的摩擦阻力、车轮与钢轨间的滚动摩擦阻力、车轮与钢轨间的滑动摩擦阻力、车轮与钢轨间的冲击与振动造成的阻力、运行中的空气阻力。

空气阻力与列车最大截面积、空气密度、列车表面形状有关,与相对速度的平方成正比。

2. 附加阻力

附加阻力是机车、车辆运行在某些特定条件下才能遇到的阻力。如列车进入坡道、曲线时,列车启动或遇到大风天气运行时所增加的阻力。包括:坡道阻力、曲线阻力、隧道附加阻力。

列车在曲线上运行时的阻力大于相同条件下直线上的运行阻力,增大的那部分阻力就是曲线附加阻力。

产生曲线附加阻力的主要原因有:

(1)列车运行在曲线地段时,由于内、外轨长度的不同将使车轮相对于钢轨的纵向、横向滑动加剧;

(2)机车、车辆在离心力的作用下,轮缘与轨头内侧的摩擦增加;

(3)车辆上下心盘之间以及轴承有关部分的摩擦加剧。

基本阻力加上附加阻力称为总阻力。列车速度的变化,各阻力所占的比例就会发生变化。列车启动时,几乎没有空气阻力,以轴颈与轴承的摩擦为主。所以列车低速运行时轴颈与轴承间的摩擦阻力占有较大的比例。速度提高后,轮轨间的滑动摩擦、冲击振动和空气阻力逐渐加大;列车高速运行时,基本阻力则主要为空气阻力,因此,高速列车的外形流线化显得特别重要。

任务二　列车运行状态分析

任务描述

列车在运行过程中,要经过多个操纵阶段,如启动、加速、维持速度阶段、惰力运行、调速、制动、缓解、停车等。在不同的操纵阶段会导致列车中的各节车辆之间产生不同的动态纵向作用力。机车与车辆、车辆与车辆之间的纵向作用力(车钩间隙变化)是列车产生冲动的根本原因。本任务的主要内容是分析列车运行中冲动的产生原因及其减小、消除的方法,为提高操纵水平提供理论依据。同时也介绍了列车制动距离的相关概念。

任务目标

1. 了解列车作用力分析的意义。
2. 理解列车纵向冲击的产生原因及消除方法。
3. 掌握制动距离相关概念。

"遵章守纪,爱护机车,平稳操纵,安全正点"是机车乘务员的职责,只有明确了机车产生冲动的原因,才能做到"平稳操纵"。列车在运行过程中,要经过多个操纵阶段,如启动、加速、维持速度阶段、情力运行、调速、制动、缓解、停车等。在不同的操纵阶段会导致列车中的各节车辆之间产生不同的动态纵向作用力。机车与车辆、车辆与车辆之间的纵向作用力(车钩间隙变化)是列车产生冲动的根本原因。

由于列车长度的关系,机车和车辆常常处于不同的线路纵断面上,牵引力或制动力作用于各节车辆的时间存在着较大的差异,车钩间隙对车辆的加速度或减速度影响很大,不容忽视,所以对车钩间隙以及车钩缓冲装置压缩、伸张状态的分析也就是对产生冲动的分析。我们可以将整列车视为多个质点,研究列车中各节车辆上的纵向作用力及运动规律,从而通过分析车钩间隙的变化情况,分析出冲动的产生原因。

对列车的纵向作用力进行分析,有助于解决以下问题。

(1)机车牵引列车由平道转为下坡道运行或发生坡道转换时,机车在列车头部,会使头部车钩的纵向作用力过大,那么冲动就会大:在长大下坡道上运行实施制动时,列车制动主管减压量过大也会引起过大冲动:线路坡道起伏过大时,列车处于不同的线路纵断面上,会加剧列车的纵向力的变化,增加了列车产生冲动的可能性。所以,机车牵引不同长度的列车在不同坡道上运行时,了解列车纵向作用力的变化,就为解决这一问题提供了依据。

(2)列车编组辆数增加后,列车运行中的纵向作用力就可能增大,而且在列车编组中如果出现不同类型、不同性能的车辆制动机、车钩缓冲器等的车辆时,那么冲动的产生就会更明显,所以通过对纵向作用力的分析,就可以为制定合理的平稳操纵方法打下基础。

一、冲动的产生

列车运行工况,可以分为稳定工况和过渡工况(非稳定工况)。稳定工况即在不变或者缓慢变化的牵引力(或者制动力)的作用下,列车作匀速或者匀变速运动。在稳定工况中,列车的冲动很小。过渡工况是指列车在短时间内由一种状态过渡到另一种状态,这时列车中的冲动就可能很大。过渡工况有列车启动、急剧地增加或解除牵引力、制动缓解等。

下面着重来研究过渡工况,讨论冲动产生的机理。

机车和若干车辆由车钩及其缓冲装置连接在一起组成列车,在运行中构成了一个复杂自由度的机械振动系统,由于列车运行中各种力的存在以及线路纵断面的变化,就会引起列车的纵向运动的变化。对于过渡工况,包括列车启动、牵引力骤变、列车的制动与缓解等环节,这时车辆之间易产生冲击,而且列车上的作用力除了运行中的外力,还有机车与车辆、车辆与车辆间的相互作用,在这些力的作用下,车钩间隙、车钩受力及方向就会发生变化,使缓冲器发生变形。

不论车钩受拉伸力还是压缩力,车钩间隙怎么变化,缓冲器均产生压缩变形。由于缓冲器容量和行程有限,当车钩受力增大到一定程度,缓冲器就会完全被压缩("压死"),如果车钩力再继续增加,那么缓冲器已经不再起缓冲作用,于是出现了所谓的"刚性冲击",形成列车冲动。在这个阶段内,多余的冲击动能,将直接由车体和缓冲装置的变形来接受,所以这时产生的冲击是相当大的。

车辆动力学理论证明,空气制动时车辆间的压缩反应力大致与列车编组辆数的平方成正比,也就是说编组辆数越多的列车在运行中受到的纵向力就越大。

研究和实验表明,最大的纵向力往往发生在空气制动及其缓解的情况下,特别是低速缓解、紧急制动和大减压量停车时,所以要减小列车冲动,就必须具备以下两个条件:一是制动机性能好(包括制动和缓解波速要高,列车前、后部一致性要好),以便降低制动、缓解过程中产生的纵向冲动;二是车钩有足够的强度,缓冲器要有足够的容量,以便承受可能发生的最大纵向力。

以上介绍了车钩间隙对列车冲动的影响。由于车钩间隙的存在,使得车辆在外力作用下增加了一段无阻尼的加速进程,使车辆相对速度增大,车辆间的冲撞作用加剧,这种现象称作车钩"间隙效应"。经验证明,在不同的间隙效应下,列车的冲动相差很大。但就制动而言,车钩的拉压状态,对列车冲动有较大影响,车钩在拉伸或压缩状态下,车钩无间隙时实施制动或者缓解,冲动就会减轻。可见车钩间隙的变化,是影响列车冲动的主要因素。

二、制动距离的相关概念

1. 制动空走时间和空走距离

当列车(机车)在运行中施行制动时,从制动开始到全列车闸瓦突然同时以最大压力压紧车轮的假定瞬间，这段时间就称为制动空走时间。此后的制动时间称为有效制动时间。在空走时间内所走行的距离称为空走距离。

在列车制动初期，列车中各车辆的制动缸压力（或闸瓦压力）要经过一段时间自列车前部向列车后部顺序产生并逐渐达到最大值。那么，制动空走时间就与机车牵引的车辆数、制动管减压量以及制动初期列车所处于的线路纵断面（较大下坡道）等情况有关。制动空走距离则与制动空走时间和列车制动初速有关。

2. 列车制动距离和有效制动距离

列车制动距离是指自阀（大闸）施行制动时起，至列车停车（或缓解制动）时止，列车所走行的距离。

有效制动距离是有效制动时间内（到停车或缓解为止）列车所走行的距离。

在列车制动计算中，列车制动距离 S_z 等于空走距离 S_k 与有效制动距离 S_e 之和。即：

$$S_z = S_k + S_e$$

任务三　列车操纵

任务描述

安全、平稳、正点、舒适的将旅客和货物运送到目的地，是对机车乘务员的工作要求。本任务根据长期以来机车乘务员的列车操纵实践，总结了列车各工况的运行操纵、制动操纵先进经验，介绍了列车操纵注意事项，分析了空转、滑行的产生原因和解决措施，对提高乘务员操纵水平有指导意义。

任务目标

1. 掌握空转、滑行的产生原因、危害和解决措施。
2. 掌握撒砂的方式和注意事项。
3. 掌握列车操纵注意事项。
4. 掌握列车运行操作的方法。
5. 掌握列车制动操作的方法。

一、空转、滑行与撒砂

（一）空转

机车动力装置发出的扭矩经传动装置传递，在各动轮的轮周上形成切向力，依靠轮轨间黏着作用产生由钢轨作用于各动轮周上的反作用力，从而使列车产生平移运动。当机车动轮轮周上的切向力大于轮轨间的黏着力时，黏着将被破坏，在轮轨接触点处出现车轮与钢轨间的相对滑动，车轮在驱动力矩的作用下，就会围绕轮轴高速旋转而发生空转。即：

轮周牵引力＞黏着力

1. 空转的危害

（1）空转发生时，机车牵引力急剧下降，使列车速度降低，容易造成坡停和运缓。

(2)空转发生时,轮轨剧烈摩擦,造成车轮踏面和钢轨的非正常磨耗,甚至造成轮箍松弛。

(3)内燃、电力机车的牵引电动机高速旋转,会造成电机损伤,甚至造成电机“扫膛”。

2. 空转的防止和处理办法

(1)正在空转时,应立即降低牵引力,禁止撒砂。

(2)挂车前适当撒砂,列车启动前适当压缩车钩。

(3)通过道岔群时提手柄不要过急过快,遇有空转预兆时立即降低牵引力。

(4)掌握空转发生的规律,进入长大上坡道前,应尽可能提高列车运行速度,充分利用动能闯坡,防止因发生空转而造成坡停。

(二)滑行

1. 滑行原因

当制动力大于轮轨间黏着力时,闸瓦抱住车轮使其停止转动,但因机车、车辆的惯性作用,车轮在不能滚动的情况下将继续在钢轨上滑动,这种现象叫作滑行。滑行的原因主要如下:

(1)因闸瓦压力过高,使制动力大于轮轨间的黏着力。

(2)轨面有水、霜、冰、雪、油脂等物,降低了黏着力。

2. 滑行危害

(1)极易造成车轮踏面擦伤。

(2)车轮擦伤后继续运行时,将对轨面产生锤击作用,速度越高,锤击作用越大,不但增加了机车、车辆振动,缩短机车部件使用寿命,而且会损伤钢轨和线路。

(3)轮轨间黏着状态被破坏,使列车制动力下降,延长了制动距离。

3. 滑行的防止办法

(1)适当掌握减压量。

(2)低速制动时,一次减压量不可过大;机车制动力过大时,可用单阀适当缓解。

(3)机车制动机紧急制动位的自动撒砂作用良好;列车发生紧急制动时,应在停车前适当撒砂。

(三)机车撒砂

1. 撒砂方式

人工撒砂方法分为“线式”和“点式”两种。

线式撒砂:较长时间地向轨面连续进行少量撒砂叫线式撒砂。适用于机车启动加速阶段或雨、雪、霜、露天气造成轨面湿滑时。

点式撒砂:向轨面断断续续地进行撒砂叫点式撒砂法。适用于列车在上坡道运行,有空转预兆时使用。

2. 撒砂时注意事项

(1)撒砂量不要太多,以机车过后只留白色砂痕为宜。

(2)已经发生空转时,应适当降低机车牵引力,机车空转停止后再适量撒砂。

(3)列车紧急停车,除机车制动机的自动撒砂外,当列车速度较低时,应少量撒砂。

二、列车操纵注意事项

(一)列车操纵示意图、操纵提示卡

机务段应根据担当的牵引区段、使用机型、牵引定数、区间运行时分等编制列车操纵示意

图、列车操纵提示卡。在编制过程中，应利用 LKJ 运行数据对其进行校核优化，列车操纵示意图内容如下：

(1)列车速度曲线；

(2)运行时分曲线；

(3)线路纵断面和信号机位置；

(4)站场平面示意图；

(5)提、回手柄地点；

(6)动力制动使用和退回地点；

(7)空气制动减压量和缓解地点及速度；

(8)区间限制速度及区段内各站道岔的限制速度；

(9)机械间、走廊巡视时机；

(10)接触网分相区地点；

(11)各区间注意事项。

(二)列车操纵与安全注意事项

1. 机车司机在运行中必须严格执行“彻底瞭望、确认信号、准确呼唤、手比眼看”的“十六字令”，依照《机车乘务员一次出乘作业标准》《列车操纵示意图》《列车操纵提示卡》正确操纵列车，并规范执行确认呼唤(应答)和车机联控制度。

严格遵守每百吨列车重量换算闸瓦压力限制速度，列车限制速度，线路、桥隧、信号容许速度，机车车辆最高运行速度，道岔、曲线及各种临时限制速度以及 LKJ 速度控制模式设定的限制速度的规定。

列车运行中，当列尾装置主机发出电池欠压报警、通信中断等异常情况时，司机应及时通知就近车站值班员或列车调度员，旅客列车应同时通知车辆乘务员。

2. 设有两端司机室的机车，司机必须在运行方向前端司机室操纵(调车作业推进运行时除外)。机车信号转换开关置于正确位置。非操纵端与行车无关的各开关均应置于断开位并锁闭，取出制动机手柄或置于规定位置；列车无线调度通信设备和列尾装置司机控制盒置于关闭位。安装双套 LKJ 主机的机车，非操纵端 LKJ 应关闭。

3. 操纵机车时，未缓解机车制动不得加负荷(特殊情况除外)；运行中或未停稳前，严禁换向操纵。设有速度工况转换装置的机车，车未停稳，不准进行速度工况转换。

机车负载运行中，内燃机车提手柄，电力机车进级时，应使柴油机转速及牵引电流稳定上升，遇天气不良时应实施预防性撒砂，当机车出现空转不能消除时，应及时调整主手柄位置；具有功率自动调节控制功能的和谐型机车运行在困难区段出现空转时，不得盲目退回手柄。

4. 内燃机车提、回手柄应逐位进行，使牵引电流、柴油机转速稳定变化。负载运行中，当柴油机发生喘振、共振时，司机应及时调整主手柄位置。退回手柄时，主手柄回至“1”位需稍作停留再退回“0”位。

主手柄退回的过程中，若柴油机转速不下降，为防止柴油机“飞车”，禁止手柄回“0”位，立即采取停止燃油泵工作、打开燃油系统排气阀、按下紧急停车按钮等措施。

5. 电力机车运行中应注意的事项

(1)根据列车速度，选择适当的手柄位置。牵引电动机电压、电流不得超过额定值。

(2)解除机车牵引力时，牵引手柄要在接近“0”位前稍作停留再退回“0”位。

(3)使用磁场削弱时,要在牵引电机端电压接近或达到额定值,电流还有相当余量时,逐级进行。

(4)通过分相绝缘器时严禁升起前后两受电弓,一般不应在牵引电动机带负荷的情况下断开主断路器。按“断”“合”电标,断开、闭合主断路器(装有自动过分相装置除外)。货物列车若通过分相绝缘器前,列车速度过低时(速度值由铁路局规定),允许快速退回牵引手柄。

(5)遇接触网故障或挂有异物,降、升受电弓标或临时降、升弓手信号时,及时降下或升起受电弓。

(6)接触网临时停电或异常时,要迅速断开主断路器、降下受电弓,立即采取停车措施,检查弓网状态。装有车顶绝缘检测装置的机车,司机要检查确认机车绝缘情况,确认机车绝缘装置故障或绝缘不良时,不得盲目升弓。

6. 运行中应确认制动缸压力表压力。装有 EL-14 型制动机的机车,应在列车启动前,以及每运行 1～3 个区间和施行制动前,使用自阀瞬间缓解;单阀缓解每个区间不得少于 1 次。

7. 装有列尾装置的列车出发前、进站前、进入长大下坡道前和停车站出站后,应使用列尾装置对制动主管的压力变化情况进行检查,发现制动主管的压力异常时,应立即停车,停车后,查明原因妥善处理,并通知就近车站值班员或列车调度员。

三、列车运行操作的方法

由于列车启动时的阻力较大,特别是重载、长大货物列车在启动时,若列车中大部分车辆的车钩是处于伸张状态的,可能使列车启动困难。压缩车钩的目的在于:列车启动前压缩一部分车辆的车钩,发车时使列车中的车辆逐辆启动,再加上各车钩缓冲弹簧的伸张力,就会使列车启动变得顺利、轻便。

(一)压缩车钩时需要注意事项

1. 被压缩的车辆数不应超过列车总辆数的 2/3。

2. 压缩车钩时的退行距离要根据实际情况适当掌握,禁止因压缩车钩不当造成列车尾部越过警冲标。

3. 压缩车钩后,在机车加载前,不应缓解机车制动。

压缩车钩也有不利的一面,就是启动时车钩间隙过大,易引起剧烈冲动和断钩,随着滚动轴承的普及和大功率机车的使用,使列车启动困难程度大大减轻,所以凡是不压缩车钩能够启动的,不一定要强调压缩车钩。

(二)防止列车断钩事项

1. 列车启动时

(1)列车启动前,按压列尾装置司机控制盒绿键,检查尾部列车制动管压力应与机车制动管压力基本一致。

(2)列车完全缓解后再启动,伸开车钩再加速。

(3)非启动困难线路,尽量不使用压缩车钩的方法启动列车。

(4)坡道启动,视情况可采用先加载后缓解制动的方法,随着列车缓解再逐步加大启动电流。

(5)双机及多机重联或使用后部补机时,要加强联系,相互配合,协同操纵,动作一致。

2. 列车运行中

(1)运行途中制动调速,严禁未排完风施行缓解,列车未完全缓解就加速。

(2)使用自阀紧急制动或列车发生紧急制动时,应迅速将自阀手柄推向制动位(或保压位),并解除机车牵引力。列车未停稳前不得充风缓解。

(3)货物列车惰力运行后,再加速不得过快,避免车钩拉伸过猛。

(4)尽量避免在起伏坡道施行制动调速。列车通过起伏坡道变坡点时,应适当调节机车功率,以缓和因坡度变化引起车钩拉力较大变化。

(5)电—空联合制动时,应先使用动力制动,后使用空气制动;缓解列车制动时,应先缓解空气制动,后断开动力制动。制动励磁电流的升、降要平稳,并不超过额定值。

(6)货物列车要避免低速施行紧急制动和低速(15 km/h 以下)缓解列车制动。长大下坡道区段因受制动周期等因素限制,最低缓解速度不应低于 10 km/h;重载货物列车速度在 3 km/h以下时不应缓解列车制动。

3. 列车进站停车中

(1)施行空气制动要适当加长制动距离,初次减压量要小,做到"早减压、少减压"。

(2)货物列车要做到一次制动停妥、停稳并施行保压停车。

(3)货物列车要防止低速缓解、二次制动。

(三)不同区段操作事项

1. 平坦的线路

列车启动后应强迫加速,达到运行时分所需速度时,适当调整机车牵引力,使列车以均衡速度运行。

2. 起伏坡道

应充分利用线路纵断面的有利地形,提早加速,以较高的速度通过坡顶。

3. 长大上坡道

应采用"先闯后爬,闯爬结合"的操纵方法。进入坡道前应提早增大机车牵引力,储备动能,进入坡道后应进行预防性撒砂,防止空转,并注意牵引电流不得超过持续电流。

4. 旅客列车在长大下坡道运行

应采用空气、动力制动配合使用的操纵方法,做到:

(1)列车进入下坡道时,投用动力制动,待列车继续增速的同时,再逐步增加制动电流。

(2)当动力制动不能满足控制列车运行速度的要求时,采用空气制动调整列车运行速度。无动力制动或动力制动故障时的空气制动操纵办法,由铁路局制定。

(3)缓解列车制动时,应在缓解空气制动后,再逐步解除动力制动。

四、列车制动操作

(一)施行常用制动规定

施行常用制动时,应考虑列车速度、线路坡道、牵引辆数和吨数、车辆种类以及闸瓦压力等条件,保持列车均匀减速,防止列车冲动。进入停车线停车时,提前确认 LKJ 显示距离与地面信号位置是否一致,准确掌握制动时机、制动距离和减压量,应做到一次停妥,牵引列车时,不应使用单阀制动停车,并遵守以下规定:

1. 初次减压量,不得少于 50 kPa。长大下坡道应适当增加初次减压量,具体减压量由铁路局制定。

2. 追加减压一般不应超过两次；一次追加减压量，不得超过初次减压量。

3. 累计减压量，不应超过最大有效减压量。

4. 单阀缓解量，每次不得超过 30 kPa（CCBⅡ、法维莱型制动机除外）。

5. 减压时，自阀排风未止不应追加、停车或缓解列车制动。

6. 货物列车运行中，自阀减压排风未止，不得缓解机车制动。

7. 禁止在制动保压后，将自阀手柄由中立位推向缓解、运转、保持位后，又移回中立位（牵引采用阶段缓解装置的列车除外）。

8. 货物列车速度在 15 km/h 以下时，不应缓解列车制动。长大下坡道区段因受制动周期等因素限制，最低缓解速度不应低于 10 km/h。重载货物列车速度在 30 km/h 以下，不应缓解列车制动。

9. 少量减压停车后，应追加减压至 100 kPa 及以上。

10. 站停超过 20 min 时，开车前应进行列车制动机简略试验。

（二）施行紧急制动规定

施行紧急制动时，应迅速将自阀手柄推向紧急制动位，并立即解除机车牵引力，期间内燃机车柴油机不得停机，电力机车不得断主断路器、降弓，动力制动应处在备用状态。列车未停稳，严禁移动自阀、单阀手柄（投入动力制动时，单阀除外）。无自动撒砂装置或自动撒砂装置失效时，停车前应适当撒砂。

（三）使用机车动力制动规定

1. 运行中需要调速时，应首先使用动力制动，当动力制动不能控制列车速度时，要及时配合使用空气制动。

2. 内燃机车在提、回动力制动手柄时要逐位进行，至“1”位时要稍做停留。电力机车给定制动励磁电流时，电流的升、降要做到平稳。

3. 制动电流不得超过额定值。

4. 动力制动与空气制动配合使用时，应将机车制动缸压力及时缓解为零（设有自动控制装置的机车除外）。

5. 需要缓解时，应先缓解空气制动，再解除动力制动。

6. 双机（或多机）牵引使用动力制动时，前部机车使用后，再通知后部机车依次使用；解除动力制动时，根据前部机车的通知，后部机车先解除，前部机车后解除，动力制动装有重联线和同步装置机车运行时除外。

（四）制动方法要求

1. 一段制动法和二段制动法

列车施行制动后不再进行缓解，根据列车减速情况进行追加减压，即可使列车停于预定地点，叫作一段制动法。

列车进站前施行调速制动，待列车到预定地点且速度降至所需要速度时进行缓解；进站充满风后再次施行停车制动，使列车停于站内预定地点，这种操纵方法叫作二段制动法。

2. 列车制动减压要求

少量减压后停车要追加减压至 100 kPa 才能缓解。

少量减压后停车的列车，后部车辆三通阀作用位置不到位，易造成缓解不良。为此，应追加减压至 100 kPa，使车辆三通阀主活塞两侧压力差增大，动作灵活，避免车辆制动缓解不良的现象发生。

3. 列车排风未完不应再追加，一次追加减压量不超过初次减压量

列车制动减压时，排风未止就进行追加减压，等于施行了一次大减压，并且制动管减压波动，列车将因前部车辆制动力过强而产生较大的纵向冲动。

一次追加减压量超过初次减压量，会使列车制动力急剧增强，不利于平稳操纵。

巩固练习

一、填空题

1. 由司机控制、通过制动装置产生的，与列车运行方向相反并可根据需要调节的外力称为____________。
2. 以压缩空气为动力，通过控制传动装置使闸片压紧装在车轴(或车轮)上制动盘产生摩擦而形成制动力的方式称为____________。
3. 机车车辆制动时，闸瓦抱住车轮使其停止转动，车轮继续在钢轨上滑动，这种现象叫____________。
4. 人工撒砂方法分为线式撒砂和____________撒砂两种。
5. 自阀施行制动时起，至列车停车或缓解时止，列车所走行的距离叫____________。
6. 在列车制动计算中，列车制动距离 S_z 等于空走距离 S_k 与____________ S_e 之和。
7.《铁路机车操作规则》规定：制动管定压为 500 kPa 时，最大有效减压量为____________。
8. 车轮擦伤后继续运行时，将对轨面产生锤击作用，____________越高，锤击作用越大，不但增加了机车、车辆振动，缩短机车部件使用寿命，而且会损伤钢轨和线路。
9. 机车运行中出现蛇行运动、沉浮运动、摇头振动、侧滚运动，轮轨间清洁与接触状态变化以及机车各动轮直径的大小差异，使轮轨间发生某种程度的滑动，都会使____________系数发生变化。
10. 在列车制动初期，列车中各车辆的制动缸压力要经过一段时间自列车前部向列车后部顺序产生并逐渐达到____________。
11. 列车启动时，几乎没有____________阻力，以轴颈与轴承的摩擦为主。
12. 列车的附加阻力包括坡道阻力、____________和隧道阻力。
13. 列车运行在曲线地段时，由于内、外轨____________的不同将使车轮相对于钢轨的纵向、横向滑动加剧 。
14. 未加装切换阀的机车：制动缸压力＝2.5×____________。
15. 由于列车启动时的阻力较大，特别是重载、长大货物列车在启动时，若列车中大部分车辆的车钩是处于____________状态的，可能使列车启动困难。
16. 货物列车压缩车钩时的退行距离要根据实际情况适当掌握，禁止因压缩车钩不当造成列车尾部越过____________。
17. 运行中施行常用制动时，应考虑列车速度、线路情况、牵引辆数和吨数、车辆种类以及闸瓦压力等条件，准确掌握制动时机和____________。
18. 列车施行常用制动时，货物列车运行速度在____________以下时，不应缓解列车制动。
19. 少量减压停车后，应追加减压至____________及以上。
20. 运行中需要调速时，应首先使用动力制动，当动力制动不能控制列车____________时，要及时配合使用空气制动。
21. 列车在长大下坡道运行需缓解列车制动时，应先缓解空气制动，再逐步解除____________制动。
22. 列车进站前施行调速制动，待列车到预定地点且速度降至所需要速度时进行缓解；进站充满风后再次施行停车制动，使列车停于站内预定地点，这种操纵方法叫作________。

23. 防止列车断钩要注意在列车启动时，列车完全缓解后再启动，伸开车钩再________。

二、选择题

1. 以压缩空气为动力，通过控制传动装置使闸瓦压紧车轮踏面产生摩擦而形成的制动力称为(　　)。
   A. 闸瓦制动　B. 盘形制动　C. 动力制动
2. 动力制动力的大小受到机车动力(　　)功率的限制。
   A. 牵引　B. 制动　C. 最小
3. 电磁制动应用在高速列车上，属于(　　)。
   A. 动力制动　B. 空气制动　C. 非黏着制动
4. 造成滑行的原因之一是轨面有水、霜、冰、雪、油脂等物，降低了(　　)。
   A. 牵引力　B. 制动力　C. 黏着力
5. 造成滑行的原因之一是闸瓦压力过高，使制动力大于(　　)。
   A. 摩擦力　B. 黏着牵引力　C. 轮轨间的黏着力
6. 列车紧急制动时，除机车制动机的自动撒砂外，当列车速度(　　)时，应少量撒砂。
   A. 开始下降　B. 快速下降　C. 较低
7. 列车操纵示意图应根据担当区段的使用机型、(　　)以及线路纵断面情况，按安全、合理的操纵方法绘制。
   A. 车辆类型　B. 牵引重量　C. 牵引定数
8. 闸瓦产生的制动力等于闸瓦与车轮踏面之间的(　　)。
   A. 牵引力　B. 摩擦力　C. 垂向力
9. 有效制动时间内(到停车或缓解为止)列车所走行的距离称为(　　)。
   A. 列车制动距离　B. 有效制动距离　C. 空走距离
10. 在列车施行常用制动后，若制动管再继续减压，制动缸的压力也不会再上升，这个使双方压力均衡时的制动管减压量，称为(　　)。
    A. 最大有效减压量　B. 最小减压量　C. 追加减压量
11. 列车制动管定压为 600 kPa 时，最大有效减压量为(　　)。
    A. 140 kPa　B. 150 kPa　C. 170 kPa
12. 发生滑行时轮轨间黏着状态被破坏，使列车制动力下降，延长了(　　)。
    A. 制动距离　B. 空走距离　C. 有效距离
13. 掌握空转发生的规律，进入长大上坡道前，应尽可能(　　)列车运行速度，充分利用动能闯坡。防止因发生空转而造成坡停。
    A. 减小　B. 提高　C. 不变
14. 为防止空转，通过道岔群时提手柄不要过急过快，遇有空转预兆时立即(　　)。
    A. 撒砂　B. 提高牵引力　C. 降低牵引力
15. 机车速度变化影响黏着系数，机车速度增高，黏着系数(　　)。
    A. 增高　B. 下降　C. 不变
16. 制动空走时间与(　　)无关。
    A. 机车牵引的车辆数　B. 制动管减压量　C. 列车速度

17. 以下不是机车、车辆的基本阻力的为(　　)。

A. 坡道阻力　　B. 轴承的摩擦　　C. 车轮与钢轨间的滚动摩擦。

18. 以下是机车、车辆的基本阻力的为(　　)。

A. 坡道阻力　　B. 空气阻力　　C. 曲线阻力

19. 列车高速运行时,基本阻力主要是(　　)。

A. 轴承摩擦　　B. 冲击振动　　C. 空气阻力

20. 加装了切控阀的客运机车,制动缸压力与制动管减压量的关系为(　　)。

A. 1∶1　　B. 1∶2.5　　C. 1∶3.25

21. 压缩车钩时要注意被压缩的车辆数不应超过列车总量数的(　　)。

A. 1/2　　B. 1/3　　C. 2/3

22. 列车施行常用制动在进入停车线停车时,应做到(　　),并不应使用单阀制动停车。

A. 一次停妥　　B. 两次停妥　　C. 随时停车

23. 列车常用制动时,应遵守初次减压量不得少于(　　)。

A. 50 kPa　　B. 60 kPa　　C. 70 kPa

24. 追加减压量一般不应超过两次;(　　)追加减压量不得超过初次减压量;累计减压量不应超过最大有效减压量。

A. 一次　　B. 二次　　C. 三次

25. 货物列车运行中,自阀减压排风未止,不得缓解机车制动;自阀减压后至缓解、停车前,机车制动缸压力不得少于(　　)。

A. 50 kPa　　B. 60 kPa　　C. 70 kPa

26. 使用动车制动时,制动电流不得超过(　　)。

A. 最小　　B. 持续值　　C. 额定值

27. 动力制动与空气制动配合使用时,应将机车制动缸压力及时缓解为(　　)(设有自动控制装置的机车除外)。

A. 零　　B. 10 kPa　　C. 30 kPa

28. 列车在运行中,司机应按照“(　　)”操纵列车,按规定使用列车运行监控记录装置、无线调度电话、机车自动信号以及机车自动停车装置,并严格执行呼唤应答和车机联控制度。

A. 列车操纵示意图　　B. 列车运行图　　C. 机车周转图

29. 货物列车在开车后、进站前,应使用列尾装置对(　　)的压力变化情况进行检查。

A. 制动缸　　B. 机车制动管　　C. 列车制动管

30. 在通风不良,比较潮湿的隧道内爬坡牵引运行时,要适量撒砂,防止机车(　　)。

A. 空转　　B. 滑行　　C. 擦伤

31. 列车在接近隧道前,在允许范围内尽量(　　)列车速度。

A. 提高　　B. 保持　　C. 降低

32. 列车施行制动后不再进行缓解,根据列车减速情况进行追加减压,即可使列车停于预定地点,叫作(　　)。

A. 一段制动法　　B. 二段制动法　　C. 牵引辅助法

33. 防止列车断钩,坡道启动时,视情况可采用(　　)的方法,随着列车缓解再逐步加大启动电流。

A. 先缓解制动后加载　B. 先加载后缓解制动　C. 直接启动

34. 防止列车断钩，进站停车施行空气制动要适当加长制动距离，初次减压量要小，做到(　　)。

A. 早减压、少减压　B. 晚减压、大减压　C. 晚减压、少减压

三、判断题

1. 动力制动：依靠机车的动力机械产生的制动力，包括电阻制动、再生制动、液力制动。(　　)
2. 列车操纵示意图是以《铁路机车操作规则》和列车运行图为依据。(　　)
3. 制动压力通过制动传动装置的传递，并增大后传给闸瓦，其增大的倍数称为制动倍率。(　　)
4. 闸瓦压力大，制动力也大。但闸瓦压力不能过大，否则使机车、车辆易产生滑行。(　　)
5. 滑行不易造成车轮踏面擦伤。(　　)
6. 防止空转和发生空转时处理办法之一是正在空转时，应立即降低牵引力，禁止撒砂。(　　)
7. 挂车前适当撒砂，列车启动前适当压缩车钩可以防止空转。(　　)
8. 机车运行中，由于弹簧的振动，动轴载荷产生不均和变化以及线路状态与线路坡道的大小等原因，均会致使机车黏着重量发生变化。(　　)
9. 制动空走距离则与制动空走时间有关和列车制动初速无关。(　　)
10. 车轮与钢轨间的冲击、振动造成的动能损失属于附加阻力。(　　)
11. 附加阻力是机车、车辆运行在某些特定条件下才能遇到的阻力。(　　)
12. 列车在曲线上运行时的阻力大于相同条件下直线上的运行阻力。(　　)
13. 列车在曲线上运行时，机车、车辆在离心力的作用下，轮缘与轨头内侧的摩擦增加。(　　)
14. 加装了切控阀的客运机车，其制动缸压力与制动管减压量的关系为：制动缸压力＝1×制动管减压量。(　　)
15. 货物列车启动前压缩一部分车辆的车钩，发车时使列车中的车辆逐辆启动，再加上各车钩缓冲弹簧的伸张力，就会使列车启动变得顺利、轻便。(　　)
16. 货物列车压缩车钩后，在机车加载前，可缓解机车制动。(　　)
17. 凡是不压缩车钩能够启动的，不一定要强调压缩车钩。(　　)
18. 列车施行常用制动时，单阀缓解机车制动，每次不得超过100 kPa。(　　)
19. 列车施行常用制动时，自阀减压排风未停止，不应追加减压或缓解列车制动。(　　)
20. 禁止在自阀制动保压后，将自阀手柄从制动区或保压位移向运转位(或缓解位、保持位)后，又移回制动区或保压位(牵引带有阶段缓解装置的列车除外)。(　　)
21. 使用机车动力制动，在需要缓解时，应先解除动力制动，再缓解空气制动。(　　)
22. 双机(或多机)牵引使用动力制动时，前部机车使用后，再通知后部机车依次使用；解除动力制动时，根据前部机车的通知，后部机车先解除，前部机车后解除动力制动。(　　)
23. 在正常情况下，非操纵端控制电路的各开关均应置于断开位，锁闭琴键开关，取出自阀、单阀手柄。(　　)

24. 设有双端司机室的机车，司机必须在运行方向前方司机室操纵。（　　）

25. 施行紧急制动时，要及时解除机车牵引力。（　　）

26. 列车在长大下坡道运行时，应遵循动力制动为主，空气制动为辅的原则。（　　）

27. 列车在隧道区段运行时，运行条件差，瞭望困难，内燃机车柴油机燃烧状态不良，功率不能正常发挥，油耗增加。（　　）

28. 为防止列车断钩，运行途中制动调速，严禁未排完风施行缓解，列车未完全缓解就加速。（　　）

29. 为防止列车断钩，运行途中货物列车惰力运行后，再加速不得过快，避免车钩拉伸过猛。（　　）

30. 为防止列车断钩，进站停车时货物列车要防止低速缓解、二次制动。（　　）

31. 列车制动减压排风未完成时不应再次追加。（　　）

32. 一次追加减压量超过初次减压量，会使列车制动力急剧增加，不利于平稳操纵。（　　）

四、简答题

1. 机车动轮为什么会发生空转？

2. 机车撒砂要注意哪些事项？

3. 防止滑行的办法有哪些？

4. 空转危害有哪些？

5. 制动力的大小与哪些因素有关？

6. 少量减压后停车的列车，为什么要追加减压至 100 kPa 才能缓解？

项目七
行车安全装备 LKJ2000 型列车运行监控装置

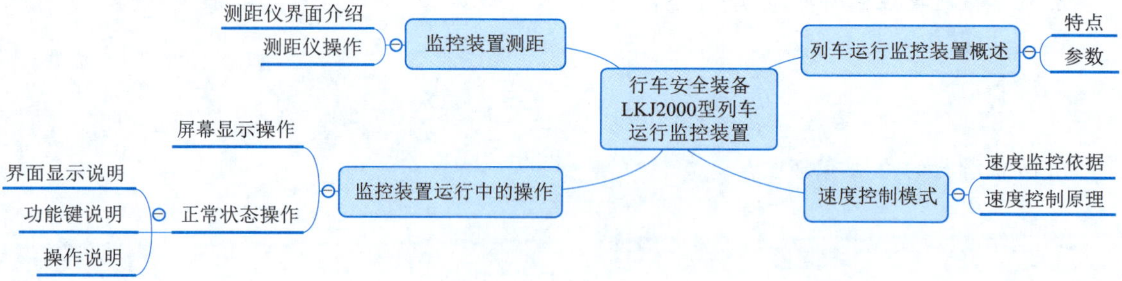

项目描述

LKJ2000 型列车运行监控装置是国内常用的列车速度防护设备，能准确地记录列车运行状况、信号设备状况及机车乘务员操纵状况，并采用双机热备冗余工作方式、工作性能更加可靠；装置的屏幕显示器以图形、曲线、文字等方式来显示前方线路状况、运行情况等信息，并在列车超速、冒进信号等危险情况时自动采取紧急制动，保障铁路运输安全。

本项目介绍了 LKJ2000 型列车运行监控装置特点、功能和主要技术参数；阐述了速度监控的依据和速度监控基本原理与控制模式；介绍了监控装置测距功能的实现；详细描述了监控装置运行中的操作。

学习目标

1. 掌握 LKJ2000 型列车运行监控装置特点、功能和主要技术参数。
2. 理解监控装置速度控制模式。
3. 掌握监控装置测距功能的原理及操作。
4. 掌握监控装置运行中的各种操作方法。

任务一　LKJ2000 型列车运行监控装置概述

任务描述

本任务简要介绍了 LKJ2000 型列车运行监控装置的功能特点和技术参数。

任务目标

1. 掌握 LKJ2000 型列车运行监控装置的特点。
2. 掌握监控装置的监控功能。
3. 掌握监控装置记录的运行参数和显示功能。
4. 了解监控装置的技术参数。

列车运行监控装置简称监控装置，是以保障列车运行安全为主要目的的列车速度控制装置。该装置在实现安全速度控制的同时，采集记录与列车安全运行有关的各种机车运行状态信息，促进了机车运行管理的自动化。并且，随着运输需求的发展，监控装置逐渐成为列车车载运行信息中心，为多种安全监测、运行信息传输提供基础。

对以保障运行安全为目的，以监测运行速度为手段对列车进行控制的系统称为列车自动防护系统 ATP。通常，ATP 系统由运行指令信息传递、运行所处线路参数信息传递、列车自身运行状况信息采集等信息获取环节和对信息进行处理并做出控制的主机组成。监控装置以在中国铁路已普遍使用的轨道电路及机车信号设备作为列车运行指令信息源，以线路数据预置于主机的独特方式获取运行线路参数信息，采用计算机智能处理对列车运行速度进行安全监控，实现 ATP 功能。

一、LKJ2000 型列车运行监控装置特点

(1)采用先进的 32 位微处理器技术。

(2)双机冗余工作方式(模块级冗余)。

(3)功能强、可靠性高的机车信号采样系统。

(4)采用高可靠 CAN 标准总线方式。

(5)具有很强的抗干扰能力。

(6)采用彩色液晶显示屏作为人—机界面。

(7)采用车载控制模式或车载数据与地面信息结合的控制模式。

(8)关闭的信号机作为目标点实行计算速度—距离制动模式曲线。

(9)具备大容量 IC 卡读写功能。

(10)在系统内比 LKJ93 型监控装置多安装了机车闸缸压力传感器,可以记录和检查机车小闸下闸的情况。

(11)具备列车事故状态记录器(黑匣子)。

(12)采用 6U 标准插件及机箱结构。

二、LKJ2000 型列车运行监控装置的功能和主要技术参数

(一)功能

1. 监控功能

(1)防止列车越过关闭的信号机。

(2)防止列车超过线路(或道岔)允许速度以及机车车辆的构造速度。

(3)防止机车高于规定的限制速度调车作业。

(4)在列车停车情况下,防止列车溜逸。

(5)可按临时增加的运行要求控制列车不超过临时限速。

(6)在自动闭塞区段,列车在显示停车的通过信号机前停车 2 min 后又继续向此关闭信号机防护的分区运行时,保证在该信号机防护的分区内运行速度不超过规定的限制速度。

(7)列车通过显示黄色、双黄色、双黄闪的进站信号机进入站内无码的股道时,装置按前方信号机关闭进行控制。经司机、副司机同时确认操作后,装置允许列车以低于规定的限制速度通过该信号机。

2. 记录的运行参数和显示功能

(1)一次性记录项目

开机记录:日期、时间、机型、机车号、装置编号、机车轮径。

输入参数记录:车次、司机号、副司机号、区段代号、车站代号、客货车别、本务补机别、牵引总重、载重、计长、辆数、支线号、侧线股道号、出入段时间。

(2)记录的运行参数

时间、线路公里标、距前方信号机距离、前方信号机种类及编号、机车信号显示状态、地面传输信息、实际速度、限制速度、列车管压力、机车制动缸压力、机车工况、柴油机转速/原边电流、装置控制指令输出状况、装置报警、司机操作装置状况、装置异常状况、平面调车灯显信息。

注:当机车走行距离每变化 5 m 事故状态记录器(黑匣子)把所有运行参数内容记录一次。

(3)屏幕显示内容

①实际运行速度曲线。

②显示允许速度及临时限制速度曲线。

③显示模式限制速度曲线。

④以曲线、符号和文字形式,沿线路里程的延展显示运行所在闭塞分区及运行前方闭塞分区的线路曲线、桥梁、隧道、坡道及坡度、信号机种类及色灯显示、道口、站中心、断电标、车机联控地点等设置情况,在接近有操作要求的标志时进行语音提示。

⑤显示运行所在闭塞分区和运行前方闭塞分区的机车优化操纵运行速度曲线和手柄级位(或牵引电流)曲线。

⑥显示站间规定运行时分。

⑦以图形或数字方式显示实际运行速度、限制速度、距前方信号机距离及时钟。

⑧选择单项显示功能。

(二) 主要技术参数

1. 适应环境条件

(1)海拔高度:不超过 2 500 m。

(2)环境温度:机车内部空气温度,一般为 −25～+45 ℃。

(3)相对湿度:最湿月平均最大相对湿度不大于 90%(以该月平均最低温度为 25 ℃)。

(4)装置适合各种电力机车、内燃机车及动车组:适用自动及半自动闭塞方式:并适应各种机车信号制式,包括移频、交流计数、极频和 UM71 等。

2. 系统设备配置

每台机车上装设 1 个主机和 2 个显示器,允许 1 个主机与 1 个显示器配置使用。显示器有数码型和屏幕型两种,可以选择其一与主机配置使用。

3. 电气参数

系统电源:输入电压:77～137 V;功耗:≤200 W。

保护:a. 输入欠压保护 75×(1±6%)V,可自恢复。

b. 输入过压保护 140×(1±2%)V,可自恢复。

任务二　监控装置速度控制模式

任务描述

速度监控装置需要获得 3 个方面的信息,即行车指令要求、运行线路状况和列车自身状况。本任务根据上述信息作为依据,介绍了速度监控基本原理和控制模式。

任务目标

1. 掌握速度监控装置的作用、监控依据。
2. 理解速度监控基本原理。
3. 掌握 LKJ2000 型列车运行监控装置速度监控控制模式。

一、速度监控的依据

速度监控装置的主要作用，一是防止列车运行越过关闭的地面信号机，二是防止列车在任何区段运行中超过机车车辆的构造速度、线路允许的最高运行速度和对应于不同规格的道岔的限制速度。实现这样的作用目标，速度监控装置需要获得 3 个方面的信息，即行车指令要求、运行线路状况和列车自身状况。

行车指令要求主要指是否允许列车运行及允许运行的速度。目前，速度监控装置是通过机车信号获得行车指令要求的。运行线路状况指线路的坡道、曲线、隧道情况，以及各种运输设施（车站、道岔、信号机）布置等情况。目前，速度监控装置是通过将机车担当的运行区段的线路和设施等有关参数预先存储于监控装置的主机中获得的。

列车自身状况指编组辆数、实际运行速度、列车所处线路的位置等。目前，列车编组辆数参数是通过司机用键盘输入获得的；运行速度由机车轴端速度传感器得到；列车位置信息根据列车运行速度计算走行里程得到，并通过轨道电路校准。

速度监控装置以获得的上述各种信息作为依据，按照运行规章的要求进行一系列的计算、判断和控制，完成速度监控功能。

二、速度监控基本原理与控制模式

（一）基本原理

监控装置工作的主要过程包括采集列车和线路状态参数，获取运行指令并确定指令目标处的速度控制值，对照指令目标处的速度值计算出列车运行当前必须限定的速度值（限速值），将采集的实际运行速度与限速值进行比较判断，对实际运行速度达到限速值的情况发出报警，切除牵引或制动等控制指令进行速度控制。监控装置工作过程的核心环节是当前限速值的计算取得。计算的数学模型必须符合《列车牵引计算　第 1 部分：机车牵引式列车》，且要考虑到系统状态参数采集可能存在的误差和列车控制系统结构性能的离散性而包含安全余量。

沿列车运行线路里程坐标将运行在各处计算所得限速值连接，可以形成连续曲线。通常，把监控装置计算所得限速值称为监控装置控制模式限速值（或简称为模式限速值）；把沿线路里程坐标连成的监控装置计算所得限速值曲线称为监控装置控制模式限速曲线（简称模式曲线）。模式曲线分为两类，一类是依据线路设施条件和机车车辆构造条件的限速值形成的模式曲线，其在一定区域内是固定不变的，称为固定模式曲线；另一类是根据前方指令目标处的速度控制值的要限速值，沿线路里程坐标形成渐变下降的曲线。

（二）控制模式

模式限速值和模式曲线是监控装置各控制指令速度值形成的基础。

对于固定模式曲线，LKJ2000 型列车运行监控装置依据线路的曲线和坡道、桥梁、隧道、道岔等的固定限速要求以及机车车辆的构造限速要求，直接形成模式曲线。

对于降速模式曲线，监控装置每个瞬间总是根据前方指令目标处的速度控制值的要求，分别按照常用制动作用方式数学模型和紧急制动作用方式数学模型计算取得两个限速值。一般把按照常用制动作用方式数学模型计算取得限速值形成的限速曲线作为模式曲线，而对于机车没有电控常用制动机构的，则把按照紧急制动作用方式数学模型计算取得限速值形成的限速曲线作为模式曲线。不论哪种作为模式曲线，监控装置的常用制动控制指令速度值和紧急制动控制指令速度值均分别直接取自常用制动数学模型计算限速值和紧急制动数学模型计算限速值。

除了常用制动和紧急制动两种监控功能的执行手段外，监控装置还设置了报警和切除牵引（俗称卸载）控制指令输出信号，以便在常用或紧急制动执行之前，提醒乘务员操纵减速或通过切除机车动力实施惰性运行减速，减少制动排风。此外，在监控装置实施常用制动并达到了减速要求后，设有允许缓解的提示功能。

在防超模式中，实际速度低于限制速度 1 km/h 时报警，实际速度等于限制速度时切除牵引和常用制动，实际速度大于限制速度 3 km/h 时紧急制动。在防冒模式中，实际速度低于限制速度10 km/h时报警，实际速度等于限制速度时紧急制动。

监控模式设计包括两个方面：一是基本控制功能的设置和相关的制动计算方法：二是为适应不同运行区段的不同控制要求设置控制参数的赋值方法。

任务三　监控装置测距

任务描述

测距就是测量列车运行线路上各个特定点的绝对位置（公里标）和相对位置（各种距离）等地面信息。这些特定点包括信号机、进站道岔、出站道岔、站中心等。本任务详细介绍了测距仪人机界面的显示和操作功能以及各操作按键的名称与功能；介绍了测距仪的操作流程。

任务目标

1. 掌握测距仪显示功能。
2. 掌握测距仪各操作按键的名称与功能。
3. 掌握测距仪测距操作步骤。

测距就是测量列车运行线路上各个特定点的绝对位置（公里标）和相对位置（各种距离）等地面信息。这些特定点包括信号机、进站道岔、出站道岔、站中心等。由于 LKJ2000 型列车运行监控装置采用地面数据车上存储的方式对列车进行监控，测距对于 LKJ2000 型列车运行监控装置具有重要的意义。采用专门设计的 CJ2002 型测距仪进行测距工作。

一　测距仪人机界面

（一）显示界面

测距仪人机界面分显示界面和操作界面，前面板示意如图 7-1 所示。

测距仪显示界面采用类似 Windows 窗口的图形界面，分主窗口和子窗口。每种窗口均分为 4 个显示区：每个窗口均分：标题栏、主窗口、功能按钮、状态或提示栏。

1. 标题栏区：标题栏呈条状位于屏幕上侧，显示日期时间及主窗口名称。

2. 功能按钮区：测距仪每屏右侧从上到下侧设置 6 个功能按钮，按钮上有功能名称，且与右侧操作区的 6 个按键（从【F1】～【F6】）一一对应按压【F1】～【F6】按键相当于使用鼠标点击相应的功能按钮。

3. 状态或提示栏区:状态或提示栏星条状,位于屏幕下侧,指示目前状态下的帮助或提示信息。

4. 主窗口区:主窗口位于标题栏区和状态或提示栏区中间,设有各种数据的显示框,显示测距仪的各种状态信息。

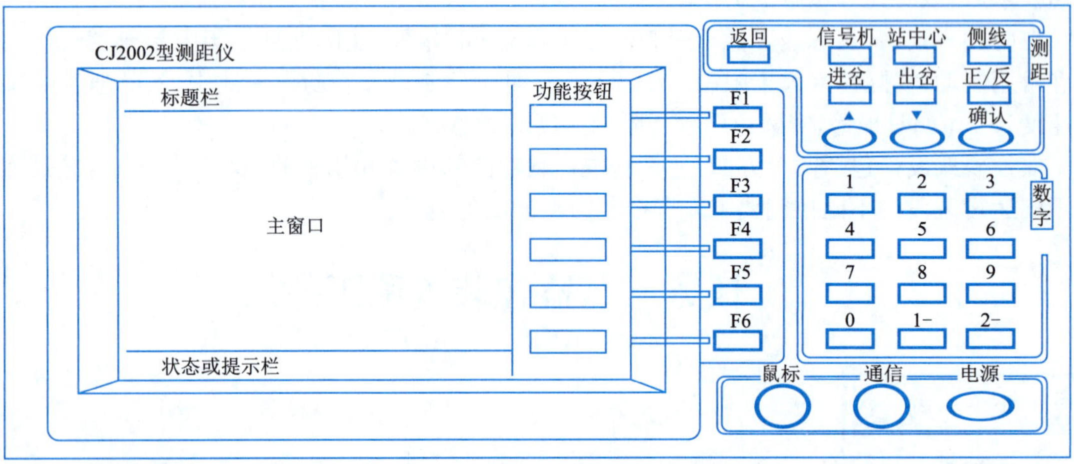

图 7-1　测距仪人机界面

(二)操作界面

操作界面分为 4 大部分:测距按键区、多功能按键区、数字键区、接口区。

1. 测距按键区

(1)测距按键

包括【信号机】、【站中心】、【侧线】、【进岔】、【出岔】、【正/反】共 6 个按键。在测距运行状态,可以进行打点,记录正反向的信号机、进岔、出岔和站中心等位置信息。

(2)上下键

使用上下键可以对参数进行调整。

(3)确认键

按压【确认】键确认修改,返回原界面。

(4)返回键

按压【返回】键可以忽略修改操作,返回原窗口界面。进入子状态窗口界面时,按压【返回】键可以返回上一级窗口界面。

2. 多功能按键区

该区有【F1】~【F6】共 6 个多功能按键,分别对应显示屏右侧的 6 个功能按钮。按压多功能键可以进入主窗口的不同对话框,或者弹出新的子状态窗口界面,实现不同状态下的功能操作。

(1) 数字键区

可以使用数字键直接输入参数。如为一位数直接按压数字键,两位数时先按【1-】键或者【2-】键,再按压个位数字键。

(2)接口区

该区有鼠标、通信、电源 3 种接口。

二、测距仪操作

1. 开机后,测距仪自检完毕后进入初始化状态。初始化状态的开机主窗口设置下列功能按钮:【F1】系统设置、【F2】测距、【F3】文件、【F4】帮助。按压【F1】键进入系统设置菜单,可以调整日期、时间等参数。按压【F2】键进入测距功能。按压【F3】键进入文件传送功能,系统可通过RS232 接口将测距记录传送给地面微机。按压【F4】键进入帮助状态,可以查看帮助文件。在子窗口状态下按压【返回】键返回主界面。

2. 开机后首次按压【F2】键进入测距功能界面,为测距准备状态,返回后再次按压【F2】键进入测距功能界面,维持原来的测距状态。测距准备状态可以设定司机代号车次、信号制式、轮径和前方出发信号机的种类和编号。设定完毕按压【信号机】键后进入测距运行状态。在测距运行状态,按照显示窗口提示信息按压相应的测距按键可以进行测距打点及编辑。按压【返回】键,可从测距准备状态或者测距运行状态返回主界面。

(一)测距操作

正式测距前,必须做好测距准备工作。

1. 获取机车轮径。

2. 选好交路。

3. 要求指导司机上车(对线路比较熟悉)。

(二)测距操作步骤

1. 开机,系统初始化后进入开机主界面。

2. 观察时间,如果不对,按压【F1】键,进入系统设置功能,设置日期和时间。

3. 按压【F2】键进入测距功能,系统显示测距准备状态,按压【F1】键 (设定按钮)进入设定过程,上项、下项键可以让光标在各个需要设定的组件项中切换,按压【确认】键确认设定值。系统以司机代号和车次为准产生一个新文件。

主窗口设有司机代号、车次、速度、距离、公里标及趋势、机车轮径、信号机种类编号及闭塞类型、信号制式、测试状态等显示项和设定项 。

4. 设定完毕,机车动车经过首架信号机时,按压【信号机】键,产生一条记录 ,并转入测距运行状态。

5. 测距运行状态下,各个功能按钮为【F1】设定、【F2】轮径测量、【F3】轮径修改、【F4】公里突变。按压【F3】键可以修改轮径。按压【F2】键可以测量轮径,可以弹出轮径测量对话框,如果为第二次按压则装置根据两个公里标的差值自动推算出机车轮径,并替代当前机车轮径。经过整公里标或者百米标时,可以按压【F4】键调整公里标。按压【F1】键可以设置信号制式闭塞方式。

6. 测距运行状态 ,还设有各种打点键,可以记录正反向的信号机、进岔、出岔和站中心。越过信号机时按压【信号机】健,系统弹出确认对话框,按压【确认】键退出并记录,如果误按,可以按压【返回】键无效返回。按压【站中心】键记录站中心,按压【进岔】键记录进岔,按压【出岔】键记录出岔。按压【侧线】键记录侧线出站,按压【正/反】键切换正反状态。进岔、出岔、侧线出站打点后,并不立即记录,输入股道号立即记录。不输入股道号则 3 s 后自动记录,自动记录是股道号在原有股道号基础上加 1。

7. 测距结束后，按【返回】键，系统将文件存盘，并退回到主界面。

8. 在主界面下，按压【F3】键进入文件服务功能，将文件通过 RS232 串口传送到地面微机中处理。

任务四　监控装置运行中的操作

任务描述

本任务介绍了 LKJ2000 通用型屏幕显示器的操作方法，说明了显示界面的显示内容、功能按键的布置功能，详细介绍了 LKJ2000 型列车运行监控装置运行中各种操作的方法和步骤。

任务目标

1. 掌握 LKJ2000 型列车运行监控装置屏幕显示器的操作方法。
2. 掌握显示器的各种显示内容。
3. 掌握各功能键的布置和功能。
4. 掌握 LKJ2000 型列车运行监控装置的基本操作和运行中操作。

一、屏幕显示器的操作

LKJ2000 通用型屏幕显示器一方面可以实施监控显示器功能，另一方面可以用作机车牵引设备状态显示器，可以同时安装在机车司机室操纵台上。

用作监控显示器时，除了常规数码显示器的输入、查询等功能外，由于使用了大屏幕彩色液晶屏，在显示机车速度、运行限速、距前方信号机距离及种类等常规的监控内容的同时，还可以实时显示色灯、线路纵断面道桥隧、日历时钟、信号机和车站等情况，极为直观、全面地提供了机车运行情况。用作状态显示器时，能够显示机车牵引设备正常运行信息如牵引电机电流、电压、水温、油温等参数。除了上述基本显示功能外，两种屏均能与 TAX2 型机车安全信息综合监测装置、机车逻辑控制单元 LCU、微机控制柜的各个控制箱进行通信，获取各装置和各单元所检测到的故障信息，进行实时显示。

司机室同时装有两个屏幕显示器分别用作监控显示和状态显示，且各自工作正常时，两屏各自实现其基本功能，故障信息由机车牵引设备状态显示屏显示，从而实现双屏冗余。而当其中的任一个显示屏故障时，通过拨动司机室内的多路转换开关，切断故障屏的工作电源；同时，另一个正常的显示屏立即转到以显示监控信息为主，兼顾查询显示机车故障诊断信息和以 TAX2 为平台的整合信息（如：轴温报警信息、轨道检测信息、弓网检测信息等）。从而，确保机车在正常的监控状态下安全运行。

二、正常状态下监控显示操作

（一）显示界面

(1)屏幕最上方的数据窗口依次为：

①信号灯状态显示窗口：显示机车当前的信号状态，有绿灯、绿黄灯、黄灯、红灯、红/黄灯、双黄灯、黄 2 灯、白灯。

②速度等级显示窗口：由上至下有 LC、SD3、SD2、SD1 四种速度等级，亮的部分表示当前所处的速度等级状态。其中 LC 亮表示绿灯信号状态下的最高速度等级。SD1、SD2、SD3 分别表示速度等级 1、速度等级 2、速度等级 3。

③运行速度窗口：显示机车当前的实际运行速度（蓝色数字）。

④限制速度窗口：显示机车当前的最大允许运行速度（红色数字）。

⑤距前方信号机距离窗口：显示距前方信号机的距离（黄色数字）。

⑥信号机编号窗口：显示前方信号机的编号。

⑦信号机类型窗口：显示前方信号机的种类。

⑧日期和时间窗口：显示当前的系统日期及时间。

(2)屏幕右边的状态窗口指示系统状态，自上到下依次为：

①故障：当 CAN 总线故障时，点亮此灯。显示“CANA”表示 CAN 总线 A 路有故障，显示“CANB” 表示 CAN 总线 B 路有故障。显示“故障”表示 CANA 和 CANB 都有故障。所谓故障的含义是：与所有的单元都无法通信。

②降级：装置处于 ZTL 工作状态时，点亮此指示灯。

③紧急：施行紧急制动时，点亮此指示灯，退出则灯灭。

④常用：装置施行常用制动时，点亮此指示灯，退出则灯灭。

⑤卸载：装置施行卸载动作时，点亮此指示灯，退出则灯灭。

⑥解锁：解锁成功后，此灯点亮，4s 后自动熄灭。

⑦开车：参数有效设定完毕灯亮，按压【开车】键响应后灯灭。

⑧调车：处于“调车”状态时灯亮，退出“调车”状态时灯灭。

⑨控制权：指示本端显示器是否有操作权，显示“有权”表示有操作权，显示“无权”表示无操作权。

⑩巡检：正常状态下显示客/货、本/补状态，按压【巡检】键有效后，点亮此指示灯。4s 后自动恢复客/货、本/补状态显示。

⑪IC 卡：正确插入 IC 卡时，该灯点亮，无卡时灯灭。

⑫A/B 机：指示当前工作主机是 A 机还是 B 机，显示 A 表示 A 机是工作机，显示 B 表示 B 机是工作机。

⑬支线：在运行中，当允许支线输入操作时，该灯点亮。

⑭侧线：在运行中，当允许侧线输入操作时，该灯点亮。

⑮入库：有效按压【出/入库】键，该灯点亮，再次按压【出/入库】键该灯熄灭。

(3)屏幕中间的窗口主要是以图形和曲线的方式显示当前机车的运行速度、当前区段信息的窗口，以及前方的线路状况，具体说明如下：

①实际速度：以（绿色）曲线方式显示当前的机车运行速度和刚走行的速度曲线情况。

②限制速度：以（红色）曲线方式显示当前区段的限制速度和前方 4 000 m 以内的线路限速情况。

③信号机位置、编号、信号机的状态：以坐标的方式显示前方 4 000 m 以内的信号机位置，信号机的编号，前方一架信号机的信号状态。

④站中心及站名：以坐标（垂直线）的方式显示前方 4 000 m 以内所有站的站中心位置，并用汉字标注对应车站的名称。

⑤机车位置：在整个曲线显示的约 1/5 处有一条垂直分隔线（黄色线），表示此处为当前机车位置，同时在速度窗口显示一 个（蓝色）列车图标，图标的长度与输入的列车计长成正比。

⑥道岔：以坐标（垂直线加进出标记）形式显示进、出站的道岔位置。

⑦线路纵断面、线路曲线道桥隧：在整个屏幕的下方 3 个小窗口显示前方线路纵断面、线路曲线道口、桥梁、隧道的情况，指导乘务员操纵。

⑧公里标：在屏幕的最下方显示公里标的变化及走行情况。

⑨优化操纵曲线的显示：预留有优化曲线显示的功能指导乘务员操作。

（二）功能键说明

1. 按键的布置

操作按键为带背光薄膜按键，在光线变暗时，按键上的字可自动透光，使夜晚或过隧道时司乘人员均能清晰地识别按键上的字。

按键共 21 个，0～9 共 10 个键为复合键，其他为单功能键，上、下、左、右四个方向键，用于菜单选择和光标移动。

2. 按键的功能

键上带有数字的键，在监控状态做功能键用，在参数修改状态做数字键用，其做功能键时的定义为：

【巡检】键：在运行中，按压该键，执行副司机机械间巡视记录操作。

【向前】键：运行过程中，按压【向前】键，调整滞后误差。

【向后】键：运行过程中，按压【向后】键，调整超前误差。

【自动校正】键：运行过程中，按压该键，自动调整滞后或超前误差。

【调车】键：在速度为零时，按压【调车】键，进入或退出“调车”工作状态。

【车位】键：组合键，调整车位时先按压【车位】再按压【向前】、【向后】和【自动校正】进行车位调整。

【进路号】键：运行中，当支线号或侧线号选择允许灯点亮时，按压【进路号】键进入支线号或侧线代码输入操作状态。

【开车】键：按压该键，执行对标开车操作。

【出入库】键：按压该键，“入库”指示灯亮，再按【出入库】键，“入库”指示灯灭。

【定标】键：线路坐标打点记录。

【设定】键：进入或退出参数设定操作。

【转储】键：按压该键，进入文件的转储操作状态。运行中按压此键和【1】～【5】键解除临时限速。

【警惕】键：降级 ZTL 状态及监控状态报警时，起暂停报警作用。

【缓解】键：按压该键，进行常用制动后的“缓解”操作。

【解锁】键：解除非常态报警。

【查询】键：按压该键，进入信息的查询操作状态。

【确认】键：按压该键，参数设定或修改有效，保存退出。

【←】【↑】【→】【↓】键：在参数设定或查询状态，按压这些键，可以改变光标的位置，在输入数字时，【←】键为退格键。

（三）操作方法

按照不同的运用目的，LKJ2000 型列车运行监控装置的操作方法可分为乘务人员的操作和地面人员的操作两种，这里主要介绍乘务人员的操作，地面人员的操作主要是数据转储。乘务人员的操作主要包括基本操作和运行中的操作两种类别。

1. 开机操作

打开主机电源开关后，装置执行自检功能，数秒后进入主界面的显示状态。屏幕显示器没有电源开关，它的开关状态受主机控制。LKJ2000 型列车运行监控装置主机为双机冗余，当双机均工作正常时，一般 A 机为主机 B 机为备机。故自检后，一般状态窗口会显示"A"机。

2. 操作权的选择

装置上电自检后，显示器进入主界面状态，正常状态下，两端操作均有效。哪端先进入"监控"状态，则哪端有操作权。其标志为：显示器操作权显示窗口显示为"有权"。

在操作端可进行正常按键操作，而在非操作端只能进行一些"查询"功能的操作。

3. 换室操作

机车调头需要到另一端驾驶时，要执行"换室"操作，转换显示器的操作权。有控制权端交出控制权称为交权操作，无控制权端要回控制权称为夺权操作。

操作方法如下：

(1)交权操作

①在有权端的显示器上按压【设定】键，进入参数的设定状态。

②在参数设定窗口，通过【→】【↑】【→】【↓】键，移动光标到"交权"按钮上，一次按压【确定】键或直接按相应的数字键【8】。键盘操作权转向另端，本端的操作权指示区由有权变为无权。

(2)夺权操作

①在无权端的显示器上按压【设定】键，进入参数的设定状态。界面显示的"交权"变为"夺权"。

②在参数设定窗口，可以通过【←】【↑】【→】【↓】键，移动光标到"夺权"按钮上，一次按压【确定】键或直接按相应的数字键【8】，键盘夺回操作权，本端的操作权指示区由无权变为有权。

注：夺权和交权操作，是否受有无速度等条件的限制可以通过汇编条件进行选择。在有权端进入"调车"状态，无权端退出"调车"状态，也可以完成操作权的转换。

4. 屏幕亮度调整

在正常监控状态下，可以用【↑】【↓】方向键调整屏幕亮度，按压【↑】键增加亮度，按压【↓】键减小亮度，共有 5 级亮度调整。

5. 双针表的切换

在参数设定窗口的下方有"双针表切换"按钮。移动光标到"双针表切换"按钮，按压【确认】键或直接按相应的数字键【9】，将切换双针表控制，原来是由 A 机控制转换到 B 机控制或原来是由 B 机控制转换到 A 机控制。

6. 参数设定操作

由于装置采用地面参数内存储，运用时顺序调用的工作方式，因此，运行前应将本次乘务的车次、车站等参数输入装置。

设定操作在机车运行或停车时均可操作。设定操作分为手动输入和 1C 卡输入两种：

(1)手动输入操作要领

①按压【设定】键,进入参数设定状态。

②在参数设定窗口,可以通过【←】【↑】【→】【↓】键,移动光标的位置。通过【0】~【9】键,改变对具体项的设置。如果输入错误,可用【←】键取消光标前一个字符。修改完任一项设置,要按压一次【确认】键,使光标到下一项也可用四个方向键自由移动光标。

③在输入"客/货""本/补"两项有下拉菜单的项目时,【↓】键为展开选单,然后按【↑】或【↓】键选择所要的类型,按【确认】键选定。

④所有参数修改完毕使光标移到"确定"按钮,按压【确认】键或直接按压【设定】键,确认修改有效并退出参数设置状态。否则将光标移到"取消"按钮,按压【确认】键修改无效并退出参数设置状态。

(2)IC 卡输入

乘务员出勤时,把 IC 卡交给调度员,由调度员在地面微机上把出勤信息(包括司机号、学习司机号、区段号、车站号、车次、运行揭示等参数)写入 IC 卡中,乘务员持卡上车。乘务员上车后,按下述方法将 IC 卡中的出勤信息写入到监控装置中。

①将写有参数的 IC 卡,正确插入屏幕显示器 IC 卡座内,显示屏右边状态窗口的"IC 卡"指示灯点亮。如果"IC 卡"指示灯不亮,请检查 IC 卡是否正确插入。

②在速度为 0 的情况下按压【设定】键,装置就会将卡内的揭示信息和设定参数读出,自动弹出参数设定对话框,其中的参数为 IC 卡中预先写入的参数。确认无误后,将光标移到"确定"按钮,按压显示器【确认】键,此时显示器将显示发送成功的提示信息,按压【确认】键退出设定状态。如果卡内信息与运行信息不符,可按照上面的手动"参数设定"更改不正确项。最后再将光标移到"确定"按钮,按压显示器【确认】键,此时显示器将显示发送成功的提示信息,按压【确认】键退出设定状态。

③说明:设定完毕,装置发送参数的同时将揭示信息传送给监控装置。

④如果卡中没有揭示信息,就直接返回。

⑤ 参数设定完成后,可按照参数查询的方法检查揭示信息是否已正确输入。当车次、交路号、站号有效设置后,在屏幕的左上角以汉字的形式显示始发站的站名。

(3)注意事项

①插入卡,没按【设定】键之前,出现"故障"灯亮,表明卡中司机信息不存在或不正确,重新插一次,"故障"灯仍然亮,应当到出勤处重新发卡、出勤。但不影响此卡转文件。

②插入卡,按【设定】键后,出现"故障"灯亮,表示读取司机信息时出错,可重新插,再按【设定】键。

③插入卡,按【转储】键后,出现"故障"灯亮,表示写卡时出现了故障,可重新转储一次。如果还不行可到另一端重新转储一次。

④对 IC 卡读写操作时"卡满"灯亮,表示 IC 卡已被写满,须在出勤处擦卡后方可使用。

⑤禁止正在对 IC 卡读写操作(即"接收"或"发送"灯亮)时拔卡。

⑥禁止用 IC 卡和转储器同时进行转储操作。

⑦禁止两端读卡器同时插卡。

7. 设备状态检查

按压【查询】键,将光条移到"设备状态"上按压【确认】键,弹出系统当前各模块工作状态和故障状态指示窗口(该窗口显示内容及说明见下述查询操作中相关内容),在此可进行监控系统中各设备和工作状态是否正常,如不正常必须进行相应的检查,排除故障后方可行车。

8. 制动试验操作

操作目的:机车出库前或入库后,乘务人员或地面检修人员执行此操作检查设备状况。此操作包括对 A 机和 B 机常用制动和紧急制动试验。

操作方法:在速度为零时,按压一次【查询】键,进入“查询选择”显示界面,用光标键移动光标到“库内试验”项,然后按压【确认】键进行相应的操作,或者直接按压数字键【7】。系统将弹出库内测试选择窗口同时屏幕右上角自动打开工况以便监视压力变化。此时可用【←】【↑】【→】【↓】光标键选择试验项目,或直接按相应的数字键进行制动试验。

(1)常用制动试验

①DK-1 型机车电空制动机处于电空位,且大闸手柄处于过充、运转、制前中立、制后中立位,以及电空联锁状态。

②将光标定位到“A 机常用制动试验”上,然后按压【确认】键,屏幕弹出窗口提示“A 机常用试验”,同时语音提示“常用制动”,屏幕右边“卸载”“常用”灯点亮,均衡风缸与列车管减压(110±20)kPa。

③操作大闸可以追加列车管减压(列车管减压量不应超过最大减压量),但不能缓解列车管压力。

④数秒钟自动缓解或按压任意键,A 机常用试验提示窗口消失,语音提示“缓解成功”,右边“卸载”“常用”灯灭,此时根据大闸手柄位置,列车管压力恢复定压(大闸运转位)、过充 30~40 kPa(大闸过充位)、保压(大闸中立位)。

⑤根据①~④步骤进行 B 机常用制动试验。

(2)紧急制动试验

①DK-1 型机车电空制动机处于电空位,且大闸手柄处于过充、运转、制前中立、制后中立位、制动位,以及空气位(应断开电空制动自动开关)的缓解位。

②将光标定位到“A 机紧急制动试验”上,然后按压【确认】键,屏幕弹出窗口提示“A 机紧急试验”,屏幕右边“卸载”“紧急”灯点亮,列车管压力降至 0。

③数秒钟自动缓解,按压任意键,“A 机紧急试验”提示消失,右边“紧急"灯灭。按 DK-1 型机车电空制动机操作规程进行紧急制动的解锁后,制动机应能缓解。

④根据①~③步骤进行 B 机紧急制动试验。

⑤移动光标至【返回】,按压【确认】键或者直接按压数字【0】,装置将退出制动试验状态返回主界面。

说明:对制动试验操作,装置均一一记录。

9. 出/入库操作

机车出库司机必须按压【调车】键,进入调车状态,此时限速窗口显示 40 km/h,状态窗口的“调车”指示灯点亮:到达始发站挂上列车后再次按压【调车】键退出调车状态。列车到达终点站摘机后,也应按压【调车】键,使装置进入调车状态后入库。

手动退出调车状态时机车速度必须为“0”。

只有在降级状态下【开车】键才能起作用。

10. 开车操作

开车操作完成出发对标，开车对标必须在有权端显示器上才能进行操作、列车从始发站开车后，当机车头部与正线出站信号机平齐时，即当机车运行到设定的始发站对标基准点时，开车操作调出前方信号机数据，使装置内存储的地面数据同地面基准点同步。

操作方法：正常运行时，当机车经过所设置的对标开车基准点时，一次性按压【开车】键，装置调出前方的信号机数据，完成“开车”操作，列车运行监控记录装置即进入监控状态，此时显示屏上方数据窗口将会显示出实际速度、限制速度、前方信号机种类、距离等相应的数据。

11. 过机误差校正操作

信号机之间的距离是地面参数设置的重要数据。列车运行中，装置距离显示区以不断递减的数据显示距下一架信号机的距离，机车越过一架信号机瞬间显示的距离与机车实际位置的误差称为过机误差。过机误差有两种：

(1)滞后误差：机车越过信号机时距离显示仍有余值，经过一段距离后才显示 0。这种零显示出现在信号机位置之后的过机误差称为滞后误差。

(2)超前误差：机车距信号机还有一段距离，但距离显示值提前进入零显示。这种零显示出现在信号机之前的过机误差称为超前误差。

操作方法：

①滞后误差的调整

方法一：当出现滞后误差时，在信号机位置，按压【向前】键，显示距离余值清零，调出下一架信号机的位置。

方法二：当出现滞后误差时，在信号机位置，按压【自动校正】键，显示距离余值清零，调出下一架信号机的位置。

②超前误差

方法一：当出现超前误差时，在信号机位置，按压【向后】键，装置将自动拉回提前越过的距离。

方法二：当出现超前误差时，在信号机位置，按压【自动校正】键，装置将自动拉回提前越过的距离。

需要注意的是

①监控启动停车模式时，不允许使用【向前】键进行车位调整。

②越过信号机 300 m 后，车位向后调整无效。

③【自动校正】键在误差小于 300 m 时操作有效。

12. 调车操作

机车运行途中要进行调车作业时，需要执行调车操作。

操作方法：

(1)进入调车状态：在停车状态下按压【调车】键，进入调车状态，限制速度窗口显示 40(或程序设定的其他调车限速值)，距离显示区清零，“调车”指示灯点亮。

(2)退出调车状态：在调车状态下按压【调车】键就退出调车状态。退出“调车”状态，有无速度的情况下都可以进行。

13. 巡检操作

执行本项操作可记录副司机到机械间巡检开始及结束的时间。巡检操作必须在出站信号机后或进站信号机前完成，否则无效。

操作方法：机车行驶中副司机由操作室到非操作室时，要进行以下操作：

(1)在操作端按压【巡检】键一下。

(2)在非操作端按压【巡检】键一下 。

(3)然后回到操作端，再按一下【巡检】键，这样巡检操作完成。当按压【巡检】键有效时，巡检指示灯点亮，4 s后自动熄灭。

14. 支线操作、侧线操作

(1)多侧线选择操作

①要求输入侧线号时，侧线选择允许灯点亮，并语音提示“请输入侧线股道侧线允许号”。

②按压【进路号】键进入侧线号输入状态，显示默认的侧线号。

③利用数字键，输入侧线股道号，例如：输入12道，就按压【1】【2】号键，再按压【确认】键即可。

④如果输入错误，在本架信号机距离没有结束的情况下，可以再次按压【进路号】键，重新输入正确的侧线股道号。

(2)支线选择操作

①要求输入支线时，支线选择允许灯点亮，并语音提示“请输入支线号”(自动转支线没有语音提示)。

②按压【进路号】键进入支线输入状态，显示默认的支线号。

③利用数字键，输入支线号，例如：输入1道，就按压【1】号键，再按压【确认】键即可。

④如果输入错误，在本架信号机距离没有结束的情况下，可以再次按压【进路号】键，重新输入正确的支线号。

(3)支线、侧线同时有效的输入

①在同一个区间，支线、侧线要求同时输入时。

②按压【进路号】键进入侧线、支线输入状态，显示默认的支线、侧线号。

③利用数字键，分别输入支线号、侧线股道号，按压【确认】键即可。

④如果输入错误，在本架信号机距离没有结束的情况下，可以再次按压【进路号】键，重新输入正确查询选择的支线号或侧线号。

15. 查询操作

乘务人员执行查询操作可了解机车设备及线路的有关数据。

按压【查询】键，弹出查询选择窗口。

(1)显示当前揭示信息查询

显示机车前方2 000 m以内的揭示。可利用光标键移动光标到“当前揭示”按钮，然后按压【确认】键，或者直接按压数字键【1】。如果要解锁当前某条揭示，可先将光标移动到“选择揭示”并按压【确认】键后移到揭示项，然后用光标键移到所要选择的揭示，按压【确认】键选择要解锁的揭示，如果误选了某条揭示，可移到该揭示项并再次按压【确认】键取消该揭示项的选择，然后将光标移动到“解锁揭示”后按压【确认】键解锁选中的揭示。

屏幕上的揭示显示，底色为白色的是正常的揭示，绿色的是已经越过的揭示，红色是已经解除的揭示。

(2)工况显示查询操作

操作目的：查询柴油机转速、列车管压力制动缸压力均衡风缸1和2压力、机车工况、过机校正和当前公里。

操作方法：

①在“查询选择”窗口显示状态，将光标移到“工况显示”按钮。

②按压【确认】键，或者直接按压数字键【2】。此时将退出查询状态，同时在曲线显示区域的右上角出现机车工况显示。

③这个显示窗口将一直存在，直到再次按压【确认】键才消失。

(3)揭示信息查询

操作目的：查询显示本车次(本交路)的全部揭示。

操作方法：

①在 ZTL 或调车状态(停车状态下)下、按压【查询】键进入查询显示状态。

②将光标移到“全部揭示”按钮，按压【确认】键，或者直接按压数字键【3】，显示全部揭示，如果揭示较多，可以用上下方向键翻页显示。

③当没有揭示信息时，将提示“禁止查询”。

屏幕上的揭示显示，底色为白色的是正常的揭示，绿色的是已经越过的揭示，红色是已经解除的揭示。

(4)设备状态查询

操作目的：查看设备的工作状况。

操作方法：

①在“查询选择"窗口显示状态，将光标移到“设备状态”按钮。

②按压【确认】键或者直接按数字键【4】，弹出系统当前各模块工作状态和故原状态指示。

③查询结束后，再按【确认】键返回。

显示的信息如下：

①左侧从上到下分别为黑匣子Ⅰ端、Ⅱ端显示器状态，副台按钮，地面数据，监控软件，双紧急制动，监控软件版本号，数据软件版本号，显示器软件版本号。地面数据和监控软件是说明两个主机内部的地面数据和监控软件是否致，如果不一致显示“不符”。双紧急制动是说明紧急制动冗余是否正常。

②右边显示的是主机箱插件板的状态，与主机插件的实际排列一致，可以很直观地看到插件的工作状态。如果插件板上的指示灯是绿色，说明这块插件工作正常，红色说明故障。如果是单机工作，则相应的另一半主机的各插件指示灯全是灰色。

注意：如果数字量输入板亮红灯，先检查机车信号是否连接正确，如果连接正确，则为数字量输入板故障。

③最下面分别显示各路管压、速度，原边电流(备用)、原边电压(备用)、原边功率(备用)、柴油机转速、加速度(备用)、自检电压、线路代号、模拟量输入自检、模拟量输出自检频率量自检、A、B 机自检的值或相应的状态。

(5)检修参数查询

操作目的：查看机车号、柴油机脉冲、双针表量程等是否正确。

操作方法：

①在“查询选择”窗口显示状态，将光标移到“检修参数”按钮。

②按压【确认】键，或者直接按压数字键【5】，弹出系统当前检修参数。内容包括装置号、机车型号、机车号、柴油机脉冲、轮径、制动机、最大总重、最大辆数、最大计长、双针表量程等，显

示界面

③查询结束后，按【确认】键返回。

(6)设定参数的查询操作

操作目的：开车前对参数的再一次确认。

操作方法：

①在“查询选择”窗口显示状态，将光标移到“设定参数”按钮。

②压【确认】键，或者直接按压数字键【6】，弹出系统当前设定参数。内容包括司机号、区段号、车站号车次、总重、计长、辆数以及编组信息等。

③查询结束后，按【确认】键返回。

16. 定标操作

操作目的：在机车运行中按压【定标】键，装置记录下此刻的公里标及时间，作为运行数据处理时的查找标记。

操作方法：机车运行中，在需要打点的地点，一次按压【定标】键。本操作只记录，不影响模式的控制。

17. 解锁操作

操作目的：列车运行时出现报警现象后，乘务人员要根据运行实际情况，判断是否需要执行“解锁”操作来解除监控功能。

操作方法：司机按【解锁】键，副司机同时按解锁按钮。

下面举例介绍两种解锁操作方法：

(1)信号突变时解锁操作

操作目的：如果地面信号为绿灯或黄灯，机车信号突然故障变为关闭信号时，而此时机车至前方信号机距离较近，机车处于监控模式曲线控制下，机车实际速度接近限速，装置将发出倒计数报警，语音提示“信号突变 7、6、5、4、3、2、1”。乘务员确认信号后，要进行“解锁”操作，解除信号突变报警。

操作方法：

信号突变报警时，按压【解锁】键，否则装置将启动制动设备排风。

(2)揭示的解锁操作

操作目的：解除揭示的控制。

①解除当前揭示

操作方法：

a. 按压【查询】键，弹出查询选择窗口。

b. 利用光标键移动光标到“当前揭示”按钮。然后按压【确认】键，或者直接按压数字键【1】。将列出当前所有揭示。

c. 将光标移动到“选择揭示”按钮，并按压【确认】键。

d. 然后用光标键移到所要选择的揭示，按压【确认】键选择要解锁的揭示。

e. 如果误选了某条揭示，可移到该揭示项并再次按压【确认】键取消对该揭示的选择。

f. 然后将光标移动到“解锁揭示”按钮，按压【确认】键解锁选中的揭示。

“揭示解锁”还有一种更简捷的操作办法，即按压数字键【1】～【8】，直接解锁屏幕上显示的第 1 到第 8 条揭示。

②解除本车次(本交路)所有揭示

操作方法:

a. 按压【查询】键,弹出查询选择窗口。

b. 利用光标键移动光标到“揭示查询”按钮。然后按压【确认】键,或者直接按压数字键【3】。将列出所有揭示。

c. 将光标移动到“解锁揭示”按钮,并按压【确认】键。

说明:由于各个局的控制模式及要求有些不同,具体情况的解锁方法也不完全样,在此不再详述,具体操作方法请以本机务段要求为准。

18. 降级 ZTL 时警惕操作

当装置在降级 ZTL 状态(“降级”指示灯点亮)下工作时,如果机车信号为单红灯、红黄灯、双黄转白灯、黄转白灯时,并且机车运行速度超过 20 km/h,监控装置发出声音报警,提醒乘务员减速。

司机应在报警开始 7 s 内按压【警惕】键一次,报警暂停 4 s 间隔 4 s 再次报警,再次按压【警惕】键,直到机车运行速度低于 20 km/h 为止,如果报警时间超过 7 s,而乘务员又没及时解锁,则装置启动紧急制动设备排风。

降级后要恢复监控,可重新输入前方站代码,运行到该站出站信号机(可指定的开车对标点)按压【开车】键即可。

19. 常用制动缓解操作

操作目的:执行缓解操作,机车可以充风缓解。

操作方法:当机车运行中,发生“常用制动”指令后,常用制动指示灯点亮,速度降低 10 km/h,当满足缓解条件时,“缓解”指示灯点灯,装置发出“允许缓解”的语音提示,乘务员可以根据实际情况,次按压【缓解】键,完成缓解操作,列车管压恢复,语音提示“缓解成功”。

20. 紧急制动缓解操作

(1)当列车因超速、信号突变等原因造成监控装置紧急制动,速度为 0 后,10 s 自动缓解。

(2)监控状态下的紧急制动,因常用制动在前,紧急制动在后,须等列车停车后,先按压【缓解】键进行常用制动的缓解,常用制动指示灯熄灭,延时 45~60 s 后再充风缓解列车。

21. 防溜报警的解除

当装置发生防溜报警时,可以按压【警惕】键,解除防溜的报警。

22. 补机操作

操作目的:使机车作为补机运行,装置的监控功能不起作用。

操作方法:

(1)如果机务段设定有补机的特殊车次,乘务员只要输入这些特殊车次,装置自动进入补机状态。

(2)如果机务段没有设定补机的特殊车次,乘务员在参数输入时,把“本/补”项选择为“补机”即可。

23. 系统故障的处理操作

操作目的:当 A、B 机都发生系统故障时,装置将发出“蜂鸣器”报警,同时,延时 3 min,如果乘务员在 3 min 内未采取关机措施,将实施紧急排风。

操作方法:

确认系统故障,“蜂鸣器”报警,乘务员必须 3 min 内切除监控装置电源。

巩固练习

一、填空题

1. LKJ2000 型列车运行监控装置测距仪显示界面的主窗口区位于中间，设有__________的显示框。显示测距仪的各种状态信息。
2. LKJ2000 型列车运行监控装置测距仪显示器按压【返回】键可以忽略__________操作，返回原界面。进入子状态窗口界面时，按压【返回】键可以返回上一级窗口界面。
3. LKJ2000 型列车运行监控装置测距仪显示界面的状态或提示栏区呈条状，位于屏幕下侧，指示__________下的帮助或提示信息。
4. LKJ2000 型列车运行监控装置测距仪显示器的测距按键包括__________、【站中心】、【侧线】、【进岔】、【出岔】、【正/反】共 6 个按键。
5. LKJ2000 型列车运行监控装置测距仪显示界面的标题栏呈条状位于屏幕上侧，显示日期时间及__________名称。
6. LKJ2000 型列车运行监控装置测距仪设定好测距操作，机车动车经过首架信号机时，按压__________键，产生一条记录，并转入测距运行状态。
7. LKJ2000 型列车运行监控装置处于 ZTL 工作状态时，点亮屏幕右边状态窗口的__________指示灯。
8. LKJ2000 型列车运行监控装置屏幕右边状态窗口的“开车”灯在按压【开车】键响应后__________。
9. LKJ2000 型列车运行监控装置以__________曲线方式显示当前的机车运行速度和刚走行的速度曲线。
10. LKJ2000 型列车运行监控装置以红色曲线方式显示当前区段的限制速度和前方__________以内的线路限速情况。
11. 在正确插入 IC 卡时，LKJ2000 型列车运行监控装置屏幕右边状态窗口的“IC 卡”灯__________。
12. LKJ2000 型列车运行监控装置在速度为零时，按压__________键进入或退出调车工作。
13. LKJ2000 型列车运行监控装置参数设定或修改有效，保存退出按压__________键。
14. 在参数设定输入数字时，【←】键为__________键。
15. LKJ2000 型列车运行监控装置降级 ZTL 状态报警时，按__________键暂停报警作用。
16. LKJ2000 型列车运行监控装置在操纵端可进行正常按键操作，而在非操纵端只能进行一些__________操作。
17. LKJ2000 型列车运行监控装置采用__________存储，运用时顺序调用的工作方式，因此，运行前应将本次乘务的车次，车站等参数输入装置。
18. LKJ2000 型列车运行监控装置有控制权端交出控制权称为交权操作，无控制权端要回控制权称为__________操作。
19. LKJ2000 型列车运行监控装置在正常监控状态下，可按压【↑】键增加__________。
20. LKJ2000 型列车运行监控装置采用手动输入参数时，按压__________键。
21. LKJ2000 型列车运行监控装置设定操作分为手动输入和__________卡输入两种。
22. LKJ2000 型列车运行监控装置当车次、交路号、站号有效设置后，在屏幕的左上角以汉字的形式显示____________站的站名。

23. LKJ2000 型列车运行监控装置开车操作完成出发对标，开车对标必须在____________端显示器上才能进行操作。

24. LKJ2000 型列车运行监控装置屏幕上的揭示显示，底色为绿色的是已经通过的，红色的是____________的揭示。

25. LKJ2000 型列车运行监控装置按压____________键，进入支线号或侧线号输入操作状态。

26. 巡检前应先在有权端按一次____________键。

27. LKJ2000 型列车运行监控装置实施紧急制动控制后，必须____________后才可缓解。

28. 警惕键可解除降级状态下的报警，也可在防溜工况下，解除____________的报警。

二、选择题

1. LKJ2000 型列车运行监控装置采用(　　)工作方式。

A. 单机冗余　　B. 双机冗余　　C. 双机

2. LKJ2000 型列车运行监控装置事故状态记录器(黑匣子)在机车走行距离每变化(　　)所有内容记录一次。

A. 5 m　　B. 10 m　　C. 20 m

3. 预设安全距离为 20 m 时，紧急制动时的速度为 80 km/h，那么停车后的安全距离是(　　)。

A. 50 m　　B. 60 m　　C. 70 m

4. LKJ2000 型列车运行监控装置上电自检后，显示器进入主界面显示状态，两端操作(　　)。

A. 均无　　B. 一端有效　　C. 均有效

5. LKJ2000 型列车运行监控装置在正常监控状态下，可用【↓】【↑】方向键调整屏幕亮度，共有(　　)个亮度等级 。

A. 3　　B. 4　　C. 5

6. LKJ2000 型列车运行监控装置在机车出库时，司机必须按压【调车】键，进入调车状态，此时限速窗口显示(　　)。

A. 20 km/h　　B. 30 km/h　　C. 40 km/h

7. LKJ2000 型列车运行监控装置机车距信号机还有一段距离，但距离显示值提前进入零显示，这种零显示出现在信号机之前的过机误差称为(　　)。

A. 滞后误差　　B. 超前误差　　C. 正常误差

8. LKJ2000 型列车运行监控装置在机车运行中按压(　　)键，装置记录下此刻的公里标及时间，作为运行数据查找标记。

A.【巡检】　　B.【定标】　　C.【车位】

9. LKJ2000 型列车运行监控装置当装置发生防溜报警时一次按压(　　)键。

A.【解锁】　　B.【警惕】　　C.【缓解】

10. LKJ2000 型列车运行监控装置，列车运行过程中按压【向前】键，调整(　　)误差。

A. 超前　　B. 滞后　　C. 核准

11. LKJ2000 型列车运行监控装置，运行中当过机误差(　　)300 m 时，装置可以自动校正。

A. 小于　　B. 等于　　C. 大于

12. LKJ2000 型列车运行监控装置查询当前揭示信息，显示机车前方(　　)以内的揭示。

A. 1 000 m　　B. 2 000 m　　C. 3 000 m

13. LKJ2000 型列车运行监控装置设定参数查询时在查询显示状态，将光标移到"设定参数"按压【确认】键或数字键(　　)。

A.【4】　　B.【5】　　C.【6】

14. LKJ2000 型列车运行监控装置如果错误选择了某条揭示，可将光标移到该揭示项再次按压(　　)键取消对该揭示的选择。

A.【查询】　　B.【确认】　　C.【解锁】

15. LKJ2000 型列车运行监控装置 A、B 机同时故障时，报警时间达到(　　)监控装置实施紧急制动。

A. 1 min　　B. 2 min　　C. 3 min

三、判断题

1. 防超模式和防冒模式的控制方式一样。(　　)
2. 禁止正在对 IC 卡读写操作时拔卡。(　　)
3. 在无线灯显调车时，自收到紧急停车信号后，如速度不为零则常用制动。(　　)
4. 在无线灯显调车时，信号与口令不符时应立即停车。(　　)
5. LKJ2000 型列车运行监控装置，参数设定操作，在机车运行或停车时均可操作。(　　)
6. LKJ2000 型列车运行监控装置，对制动机实验操作，装置均一一记录。(　　)
7. LKJ2000 型列车运行监控装置只有在降级状态下，【开车】键才能起作用。(　　)
8. LKJ2000 型列车运行监控装置机车越过信号机时距离显示仍有余值，经过一段距离后才显示 0，这种零显示出现在信号位置之后的过机误差称为滞后误差。(　　)
9. 监控装置启动停车模式时，不允许使用【向前】键进行车位调整。(　　)
10. LKJ2000 型列车运行监控装置退出调车状态时，在停车状态下按压【调车】键就退出调车状态。(　　)
11. LKJ2000 型列车运行监控装置，当机车运行中发生"常用制动"指令后乘务员一次按压【缓解】键完成缓解操作。(　　)
12. LKJ2000 型列车运行监控装置，在屏幕显示器上只能利用 IC 卡进行文件转储操作。(　　)

四、简答题

1. LKJ2000 型列车运行监控装置记录的运行参数有哪些？

2. LKJ2000 型列车运行监控装置屏幕显示器能显示哪些内容？

3. LKJ2000 型列车运行监控装置运行线路状况是如何获取的？

4. LKJ2000 型列车运行监控装置速度控制装置的主要作用是什么？

5. LKJ2000 型列车运行监控装置如何获取行车指令的？

参考文献

[1]闫永革.机车乘务员通用知识[M].北京:中国铁道出版社,2005.

[2]《铁路机车乘务员专业培训教材》编委会.机车乘务员通用知识[M].北京:中国铁道出版社,2016.

[3]杨志刚.LKJ2000型列车运行监控记录装置[M].北京:中国铁道出版社,2003.

[4]中国铁路总公司.铁路技术管理规程(普速铁路部分):TG/01—2014[S].北京:中国铁道出版社,2014.

[5]中华人民共和国铁道部.铁路机车操作规则:TG/JW 104—2012[S].北京:中国铁道出版社,2013.

[6]国家铁路局.列车牵引计算　第1部分:机车牵引式列车:TB/T 1407.1—2018[S].北京:中国铁道出版社,2018.

[7]中国铁路总公司.铁路机车运用管理规则:TG/JW 101—2015[S].北京:中国铁道出版社,2016.